优秀教师方略丛书

U0625440

优秀教师的激励方法

Youxiu jiaoshi
Fanglüe congshu

张彦杰　本书编写组◎编著

Youxiu
Jiaoshi de
Jili fangfa

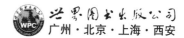
世界图书出版公司
广州·北京·上海·西安

图书在版编目（CIP）数据

优秀教师的激励方法／《优秀教师的激励方法》编
写组编．—广州：广东世界图书出版公司，2011.3（2024.2 重印）
ISBN 978－7－5100－3362－9

Ⅰ．①优… Ⅱ．①优… Ⅲ．①激励－教学法－中学

Ⅳ．①G632.4

中国版本图书馆 CIP 数据核字（2011）第 036076 号

书　　　名	优秀教师的激励方法
	YOU XIU JIAO SHI DE JI LI FANG FA
编　　　者	《优秀教师的激励方法》编写组
责任编辑	张梦婕
装帧设计	三棵树设计工作组
出版发行	世界图书出版有限公司　世界图书出版广东有限公司
地　　　址	广州市海珠区新港西路大江冲 25 号
邮　　　编	510300
电　　　话	020-84452179
网　　　址	http://www.gdst.com.cn
邮　　　箱	wpc_gdst@163.com
经　　　销	新华书店
印　　　刷	唐山富达印务有限公司
开　　　本	787mm×1092mm　1/16
印　　　张	12
字　　　数	160 千字
版　　　次	2011 年 3 月第 1 版　2024 年 2 月第 3 次印刷
国际书号	ISBN　978-7-5100-3362-9
定　　　价	59.80 元

"优秀教师方略" 丛书编委会

主 编

王利群　　解放军装甲兵工程学院心理学教授
周作宇　　北京师范大学教授、教育学部部长

编 委

马世晔　　中华人民共和国教育部考试中心
李功毅　　《中国教育报》副总编
王增昌　　《中国教育报》高级编辑
殷小川　　首都体育学院心理教研室教授
张彦杰　　北京市教育考试院
魏　红　　北京师范大学教务处
刘永明　　北京师范大学继续教育与教师培训学院 副研究员
刘艳茹　　北京市顺义区教育研究考试中心，中学高级教师
刘维良　　北京教育学院教育学教授
杨树山　　中国教师研修网执行总编
肖海雁　　山西大同大学心理系主任，教授
张兴成　　西南大学（原西南师范大学）副教授
南秀全　　湖北黄冈特级教师
方　圆　　北京光辉书苑教育研究中心研究员

序　言

优秀教师何以成为优秀教师，优秀教师的成长有无规律可循？这是一个值得思考和关注的问题。

"优秀教师"这个概念，它和我们平时常常提及的"骨干教师"、"名师"或是"特级教师"并不尽相同。后三个概念更多的是以某种标准加以衡量而赋予教师的某种荣誉，表征的是教师某个发展阶段的状态。"优秀教师"倾向于从动态变化的教师成长过程中来解读，它意味着一个漫长而艰辛的成长过程，一个离不开成长期的默默付出，历经高原期的苦闷徘徊，从而达致成熟期的随心所欲的成长过程。

我们应该把优秀教师看作是一个发展性的概念。作为一个教师，要在事业上获得成功，首先要有强烈的事业心和责任感，要有崇高的奉献精神，要有坚定不移的意志品质，要有持续发展的信念，要有永不满足、不断学习、不断进取的精神。从发展的角度看，所有的教师都可以成为优秀教师。

当然，成为一个优秀教师不仅要有自己的主观条件，还要有客观条件的保证，从立志做优秀教师到成为优秀教师不是必然规律。优秀教师能及时抓住时代发展的机遇，并使机遇成为成长的契机。机遇对成功很重要，但教师的成功不是靠被动地等待，而是认真踏实地工作，通过"量"的积累，在及时把握机遇中达到"质"的飞跃，获得成功。

为使主客观条件达到最佳的组合，从而获得成功，今天的优秀教师，应该改变传统的"春蚕到死丝方尽，蜡炬成灰泪始干"的被动的、悲凉的形象，树立一种新的优秀教师成长观，即关注自身精神生命的成长，使得优秀教师的成长不再仅仅是为了一纸文凭或是生存技能的提高，而是为了自我的充实与完善，为了个体的幸福与愉悦，为了更有意义的生活。为这样的目的而努力的人，即称优秀。惟有如此，优秀教师才有可能真正地唤醒自己，同时也唤醒他所接触的人，才有可能创造自己更为美好、更有意义的生活，同时也创造他人更为幸福的生活。

我们应该相信，优秀教师的成长主要不是依靠天赋，而是后天的因素；后天因素对教师成长的影响程度依次为个人的努力、教学互动、专家引领、师傅指导、同伴互助和领导支持。

在成长过程中，尽管每个优秀教师的成长经历都不相同，具有浓厚的个性色彩。但是透过表层的个性因素，仍然可以从中概括出某些共同的要素，说明优秀教师的成长还是有规律可循的，能够提出优秀教师培养的方式方法的。

根据对优秀教师成长规律的总结，我们编写了这套"优秀教师方略"丛书，其特点是强调教师学习与培训的针对性、适用性和可接受性，期望能在教师艰辛的成长过程中助一臂之力，让他们少走一些弯路，减少个人摸索的无效劳动；让更多的教师通过不断的学习、反思、超越，成为"优秀教师"。

前　　言

　　关于激励的重要性，哈佛大学的戈森塔尔教授曾做过一个有名的实验：他让加州某中学校长从学校随机抽出 3 位老师和 100 名学生，然后，请该校长把 3 位老师叫到办公室并告诉他们是学校里最好的 3 位老师，校长告诉他们，学校挑选了 100 个尖子学生组成了 3 个班级并分别交由他们执教，一年后，这 3 个班级果然成为全校最优秀的 3 个班级。后来，这 3 位老师才知道，他们 3 位和那 100 名学生其实只是随机挑选出来的样本而已。

　　这个实验证实了激励的重要性，在我们的日常生活和工作中，几乎每个人都需要激励，学生也不例外，他们甚至比其他人更需要激励。这是因为人性中最深刻的素质是被人赏识的渴望。教学中，如果老师灵活运用激励的方法来满足学生这一渴望，学生的学习积极性、求知欲就会一下子激发出来，当他们一次行为得到老师的赞许，一己之见得到老师的支持，都会给他们带来无比的快乐，给他们留下深刻的印象，化作神奇的动力。在实际教育教学工作中，有效运用激励手段，对于调动学生的潜在积极性，强化学生奋发向上的内在动力，建设团结、和谐、进取的班集体，具有十分明显的作用。

　　激励的方法多种多样，本书主要从以下几个方面来阐述优秀教师的激励方法：教师在教学过程中应该如何运用激励手段来教育学生、教师该如何激励学生学习，以发挥出学生的最大潜力、教师应该如何激励学生的自信心，让学生成为一个勇敢的人、教师应该如何激发学生的理想、教师应该如何利用奖惩的方法激励学生，以及综合了经典的寓言故事加以分析。

　　由于编者的学识有限，书中的疏漏、错误和不当之处在所难免，恳请广大读者批评指正。

编　者

目　录

第一章
优秀教师之教育激励

　　激励是激发人的动机、调动人的积极性的重要手段，也是心理教育的重要原则。马克·吐温说过："只凭一句赞美的话，我就可以快乐两个月。"美国著名心理学家威廉·詹姆斯说："人性最高层次的需求就是渴望别人欣赏。"行为科学的实验也证明：一个人在没有受到激励教育之下，他的能力发挥仅有20%到30%，反之，能力就可发挥到80%到90%。这些都充分说明运用激励教育是促进学生学习心智提高的重要举措。而在平常的教育教学工作中，教师如何有效地教育激励学生，将是促成教学相长的一个重要过程。

第一节　用平等激励学生

　　教育家布贝尔说："具有教育效果的不是教育的意图，而是师生间的相互接触。"师生关系是学校教育中最基本的人际关系。

　　从聪明谦虚的苏格拉底，到一本正经的柏拉图，再到集大成的亚里士多德，无一不说明平等民主的师生关系对教育教学工作具有巨大的指导意义。

　　我国的特级教师于永正在指导学生写作时，更是常常表现得像"老顽童"：他有时让学生上台画自己的画像，有时和学生一起想象"猪九戒"是什么模样……

　　那不泯的童心不正是激发学生驰骋想象的最好"加油站"吗？

　　美国一位著名的教育家花了几十年时间，从9万个学生的"心目中喜欢的教师"信中概括出教师的12个特点。学生们的语言生动地描述了这些特征，其中有三点是这样的：一、友善的态度。"她的课堂有如大家庭，我再也不怕上学了。"二、尊重课堂内每一个人。"她不会把你在他人面前像猴子般戏弄。"三、宽容。"她装作不知道我的愚蠢，将来也是这样。"

　　由此，不难发现新型的、最佳的师生关系，其核心应该是现代的平等观念，它强调师生双方真正的平等、沟通和理解。

　　作为老师，当你把平等、自由、民主、尊重等人文因素注入课堂时，就会不断领略到全新的体验：学生"动"起来了，生命活力焕发出来了，师生之间的心拉近了，从而使课堂教学出现了崭新的变化。

　　有这样一个故事：

　　罗伯特·达维拉先生是美国纽约州波托马克小学的校长，他的办学思想极为先进，而这全得益于一次偶然的"鞠躬"事件。

圣诞节来临时，学校组织全体同学举行文艺汇演大会，届时将邀请学生家长参加。

全校师生个个热情洋溢，而罗伯特先生却偏偏在这个时候得了肺炎，所以未能详细地过问文艺会的准备情况。

文艺汇演将要开始了，上午罗伯特先生打完吊瓶下楼巡视，突然发现千名学生口琴表演的队形有问题：年轻的组织者只注重了校长强调的怕冻着孩子，表演不能在室外进行，却忽视了给近 200 名与会者留下一条通道和观看表演的空间。

这样必须将原来的五路纵队改为三路纵队，而且占据的位置也需要调动。

可当时已临近午休，孩子们也都饿了。

这时，自责在罗伯特先生心中油然而生：身为校长的自己，在同学们排练队形的时候未能到场，现在却要求变换队形，那么，我把孩子们付出的时间和精力置于何地呢？

于是他发自内心地向学生道歉："亲爱的孩子们，昨天你们排练时我没有来，现在让你们重新调整一下队形，因此浪费了你们的时间和精力，很对不起。"

然后，罗伯特先生又分别向着三个侧面的学生鞠躬。

当他抬起头来，蓦然发现，孩子们那一双双亮晶晶的眼睛里，在闪动着泪光，他们的脸上分明写着无言的感动。

接下来的队形调整，竟是那样的快捷而有序。

文艺汇演大会过去了，可故事却没有结束。

某天的一个下午，罗伯特先生刚刚走进校门，一个名叫比尔的男孩子从旁边过道里走出来，一见到他便箭一般地飞奔过来，由于跑得太快，跌了一跤，爬起身顾不得疼，三步并作两步地窜到罗伯特先生面前，一边大声问着"校长好"，一边深深鞠了一躬，然后转身走开。这眨眼间的事情使罗伯特先生愣住了，他回过神儿来，一把拉住了比尔对他说："小比尔，你摔疼了吧？跑这么快找我有事吗？"

他腼腆地说："没事，我就是想给校长鞠个躬，怕你进楼我赶不上。"

罗伯特先生心疼地说:"今天赶不上,以后还有机会鞠躬,干嘛这么着急呀?"

比尔抬起头来,不再腼腆,而是带着一脸的庄重,一字一板地说:"因为校长给我们表演口琴的同学行过礼!"

罗伯特先生的心被震撼了……

孩子是多么真诚、可爱!他们同我们一样,都是具有独立人格价值的人,你向他抛去什么,他也必然向你抛回什么。

这件事已过去很长时间了,每次想起来,罗伯特先生心中都有不尽的感慨,他开始积极地寻求最佳的师生关系以及建立最佳师生关系的途径。

此后,在罗伯特先生的建议与指导下,波卡马克小学的教室里将不再设立讲台,老师与学生同坐在板凳上围成一圈讲课、学习。

而学生们,则可以随时向老师提问,大声阐述自己的观点,甚至可以向老师责难。

甚至于在课余,老师可以趴在地上,让学生们练鞍马。

罗伯特校长还特意为爱画爱写的学生建立"想画就画想写就写"的"画写廊",为爱爬爱玩的同学建立了"想爬就爬想滚就滚"的"活动场"。

波卡马克小学有了根本的变化,真正成为学生们喜欢的乐园,他们在平等、和谐、自由的氛围内茁壮成长。

而那位名叫比尔的学生后来成为了美国人权平等运动的代言人。

一次偶然发生的"鞠躬"事件,使罗伯特先生认识到平等、民主、和谐的师生关系的重要性,他采取的一系列的教育变革,使波卡马克小学成了孩子们成长的乐园,使比尔成为正义事业的代言人。

作为教育者,还有什么能比让自己的学生在平等与被尊重中学会平等与尊重而更令我们感到欣慰与自豪的呢?

这欣慰和自豪,得之也易,失之也易,全系于我们珍爱与尊重学生的一颗心。

波卡马克小学的校长罗伯特先生用自己的言行与学生的心灵对话,给了学生真正平等的爱与尊重,并因此而赢得孩子们发自内心的爱与尊重。

罗伯特先生的做法取得了极大的成功，不仅培养了学生深厚的学习兴趣，而且还帮他们树立了人人平等的思想和信念。

这个故事告诉我们：师生有别，但不应有尊卑之分。每一位教师都应对自己的学生充满热爱、尊重、理解和信任。只有这样，才能不断激发起学生的上进心，让学生得以真正的主动发展，成为新世纪的开拓者和创造者。

国外类似的例子不胜枚举：

在一位美国教师近两小时的教学过程中，有一位小男孩自始至终不好好听课，拿着手枪不断地绕着老师或跑或抓，作射击状。

那位老师只是微笑着，一而再、再而三地来回躲闪，善意地拿走枪，再还给他，亲切地示意他，不推搡、不指责，没有丝毫的不耐烦。

而在另一所小学，一位老师躺在摇摇椅上给孩子们讲故事，有四五个孩子就趴在他脚下的地毯上，托着下巴专注地听着。

在中学历史课上，学生们则是在用书和粉笔砸向老师的过程中明白了南北战争的意义。

……

对于那些在传统教育中崇尚师道尊严的人来说，这全是些令人瞠目结舌的事。

这样的教育，不是一个"耐性"能诠释的，如此有亲和力的教育，应该是发自内心的平等、尊重，它让我们不得不为今天的教育而感慨。

在我国漫长的封建社会及封建教育的历史中，形成了以师道尊严为主要特征的师生关系，至今仍然具有很强的影响力。这种师生关系固然有尊师的合理成分，但其精神实质是根本否认师生之间平等地位，只是单方面地承认并肯定教师的尊严，而无视学生的尊严。

比如，平时教师要找学生了解教学后的反馈意见时，班主任要找学生进行思想教育或谈心时，学生来到办公室后，我们的老师总是习惯于让学生站着说话，学生敬礼老师不还礼。

在课堂上，学生只能俯首帖耳，不能乱说乱动。他们要想发言，必须是在老师提问时，并经过老师的允许，否则，将受校规处罚。

有一位老师给班上一名喜欢"插嘴"的学生在嘴巴上贴"封条"——用塑胶布将嘴巴粘住，令其无法张口讲话。

甚至于还有一位老师因学生在上课时没向他敬礼，便认为该学生对其不尊重，并上报了学校，最后给了这名学生一个记过处分，让该生连续几节课站在办公室内。

今天，我们提倡和追求民主平等的师生关系，主要就是强调师生之间在人格上的平等，强调学生有自己的尊严和权利。这种"师道尊严"式的教育剥夺了学生的人格尊严，扼杀了他们的鲜活的个性，也违背了民主平等的教育原则。

实际上，对于中小学生来说，学校除了是他们学习文化知识的场所外，还是他们完成社会化的场所。中小学生在学校学到的人际交往模式，很大程度上将决定他们进入社会后所采取的人际交往模式。可以说，在学校中缺乏与他人民主、平等相处经历和经验的人，在社会上将很难与他人民主、平等地相处。

雅斯贝尔斯在他的《什么是幸福》一书中说："教育的过程首先是一个精神成长的过程，然后才成为科学获知的一部分。"

他将"精神成长"置于"科学获知"之前，真正从"以人为本"的角度诠释了教育的过程和意义。

让学校生活成为"师生人生中一段重要的生命经历"，让师生在平等的基础上共享真正的幸福，这才是教育的真正归宿。

试想，教师如常常以"道德规范代言人"自居，又怎能拉近与学生的心理情感上的距离？

心理学表明：一个人只有在心理上感到安全，感到自由时，他才可能进行创造性思维和想象。

良好的师生关系，是形成"无拘无束"的教学氛围，激发学生高昂学习情绪，挖掘学生创造潜能的直接因素。它不仅会引起学生对教师的尊重和信任，而且还会使学生把对教师的爱迁移到教师所讲授的学科上来。

因此，老师要给学生主动发言、参与的权利，并使自己与学生真正地平等起来，想学生所想，思学生所思，与学生一起坐着谈话，努力构筑自

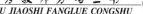
由对话的平台。

在一个优秀教师眼中，没有优生和差生的区别，而应平等对待每一个学生：

1．平等对待智力和能力不同的学生；

2．平等对待学习成绩不同的学生；

3．平等对待男生和女生；

4．平等对待个性特点不同的学生；

5．平等对待不同家庭背景的学生；

6．平等对待自己喜爱和不喜爱的学生；

7．在公布成绩时平等；

8．在进行各种选拔时平等；

9．在上课时平等；

10．在评价学生时平等；

11．在处理学生中发生矛盾冲突时平等；

12．在自己心情愉快和不愉快时对待学生要平等。

魏书生说："一个班集体，一旦用尊人者、人尊之的思想统帅起来。每个生活在集体中的人都会感到幸福、自豪、从而发挥出巨大的潜力，取得意想不到的好成绩。"

在日常的教育教学工作中，让我们每一个有爱心、有责任心的教师都来按这12条标准公平、公正地对待学生吧！让每位学生在课堂上都能获取到积极、愉快、兴奋、发现、成功的体验，让我们的课堂都成为促进学生思维发展，促进学生精神成长的课堂！

第二节　从细节处教育学生

大凡读过《我的老师》的人，无不为那一位热爱学生也被学生所挚爱的小学教师蔡芸芝先生所打动。作为一篇选入中学语文教材中的课文，它在写作方法上，仅仅着眼于小处，便打动了千百万名学生的心。

"小"与"大"是相对而言，没有"小"就无所谓"大"，"小"在一定的条件下可以转化为"大"。如"集腋成裘"、"积沙成塔"，就是这个道理。

然而，有些学生把"大"看得很重，认为"大"总比"小"好；而对于"小"呢，则不屑一顾。

三国时的刘备在给刘禅的遗诏里曾经说过："勿以恶小而为之，勿以善小而不为"。意思是不要因为坏事小就去做，不要以为好事小就不做。他这里讲了"小"与"大"的辩证关系：虽然是很小的东西，却也可能与国家的生死存亡有密切的关系。

激励学生的艺术同样如此，它体现在敏锐地捕捉具有教育价值的细节上。

如果我们的教育过程中有更多的细节被注意、被发掘，那么，我们的教育就一定会变得更美丽、更迷人……

2004年7月，北京大学附属中学的林夕同学和她的几个小伙伴一起报名参加东辰学子赴美夏令营，她们在科罗拉多参观了一些非常有意思的景观。但是，给她们印象最深的却不是那些独特的欧美风情。

刚到科罗拉多时，在林夕的眼里，科罗拉多真是一个风光旖旎的美丽之地：大面积的公园和绿地，特别是大片的草坪令人心醉；城市周围是大片自然林地，城市犹如建在大森林之中。在通往郊区的一条条高速路两边，全是自然生长的、望不到边的大树林。在树林中间，则是一栋栋的小别墅。即使是城里那些住联体或独立小楼的居民，每家楼前也都有一个小花园。

那天，是由美国老师莱特娜女士负责为大家讲解一些科罗拉多当地的历史知识。美国教室布置得洁净典雅，尤其是地面，光可鉴人。

课堂上，大家用的笔记本都是活页的，有的同学觉得笔记没记好，就撕下来当废纸扔了。没几分钟，地面上随处可见废纸。

莱特娜女士当即严肃地对学生们说："孩子们，我有必要提醒你们一声，来到我们美丽的科罗拉多，就要爱护环境，不能做出对环境不好的举动来。"

林夕和同学们面面相觑，不知道莱特娜女士此言何意。这时，莱特娜女士指了指光洁一新的地面，注视着学生们："怎么？不明白？"

之后的日子里，夏令营的学生们没出现类似的事。毕竟大家不想让老外再次评说中国学生素质是如何如何的低。

次日，在莱特娜老师的带领下，林夕和同学们到山里远足。上山的路上，在路边见到一块立着的巨石，石上有青苔。顺着石壁有一股细水流下，莱特娜老师让每人用手接水尝一尝。这时，一个叫郝斌的学生顺手摸了一下石上的青苔，没想到莱特娜马上说："Don't touch my mountain！"

此言一出，大家大吃一惊，他们没有想到莱特娜女士居然会有如此强的环保意识，甚至有的同学觉得这位老师也太小题大做了。

仿佛是为了监督众学生似的，莱特娜如临大敌似的紧盯着学生们的举动，要求学生们走路小心，别踩着脚下的小动物，看到鲜花也不许伸手去摘。

在国内自由散漫惯了的中国学生们一个个颇为不满："这种小事，管这么多干吗？这老太太，真迂！"

当学生们到达山顶时，何菲菲感到饿，便拿出零食吃了起来，一边吃一边将包装袋随意丢在地上。

莱特娜女士走过来，不声不响地将包装袋捡起来，放进一个大塑料袋中。何菲菲的脸蛋立即红成了红苹果！

在山上休息的时候，莱特娜女士对学生们说："孩子们，你们想过没有？如果每个人都动手去摸一下青苔，甚至剥下一小片来，这青苔很快就会在你们的'抚摸'下消失的，那块石头也就失去了它原本的漂亮了。还有那些可爱的花儿，它们都是有生命的，你们随便摘下来，花儿们难道不会向你表示抗议？我知道，你们中国和我们美国一样，都很美丽，但美丽的东西也经不起人为的破坏。如果我们今天把垃圾扔在山上，那么明天来游玩的人看到的将不再是绿树青草，而是一堆堆不堪入目的垃圾了！"

莱特娜的话击中了学生们的痛处——在中国，花坛里的鲜花常常不明不白地缺枝少叶，路上的果皮纸屑随处可见，大家对此早已习以为常、见怪不怪了，那些破坏者极少顾虑他人的感受。

看见大家都沉默不语，莱特娜反而笑了："孩子们，我只是想告诉你们。美丽的事物需要我们的精心呵护才能形成。所以，我们要从一点一滴的小事做起，我们身边的美丽才会越来越多！"

林夕不住地频频点头。对她们来说，莱特娜的这句话，是整个夏令营活动中最大的收获。

回国后，林夕和她的几个小伙伴们自发加入了北京市环保志愿者协会，她们的目标是："也许我们不能改变整个世界，但我们可以改变自己。"

在中国学生眼里，扔纸屑等都是微不足道的小事，根本不值得如此大惊小怪。

而在美国老师莱特娜眼里则是事关一个地方是否依旧"美丽"的大事。也因此，她会要求学生们从小做起，从我做起，用心呵护这个美丽的地方。

在中国的中小学生守则中有着明文规定：不乱扔果皮纸屑！但我们的学生还是照扔不误。问题就出在教育上！

美好的环境需要每一个人伸出手来精心维护，而这种意识需要教师有意识地去培养、有意识地去激励，这绝不仅仅是几条守则就可以做到的，它需要我们像莱特娜女士一样，不失时机地借助于诸多小事来引导和发

优秀教师的激励方法

挥，令学生们从细微处一点一滴地改变那些遭人唾弃的行为和思想。

现在的学生们的生活是越来越幸福了，而与此同时，我们却惊恐地发现：在日常生活中，学生们大大咧咧、好高骛远、眼高手低的现象越来越严重，他们中不会使用文明用语的越来越多，日常礼节和传统的道德礼仪越来越少。

为什么呢？是我们在平时的教育方式上出现了偏差，很严重的偏差！

学生们身上所表现出来的种种迹象表明，我们在"望其成龙成凤"的背后，疏忽了对他们生活中很多细节上的教育，从而导致学生们情感的麻木和教养的缺乏。

专家认为：学生的生活细节问题必须引起重视，错误的行为习以为常下去，只会让学生沿着错误的方向越走越远。

这就要求我们的教师应踏踏实实地做到以下几点：

1. 从细节的制定开始。教师应当根据学生成长的特点、规律，本着"切入点小一点、针对性强一点、离学生近一点"的原则确定教育的细节。如要求学生不穿高跟鞋，但什么样的才算高跟鞋呢？可以确定"4 厘米以上的是高跟鞋"。又如，要求学生列队迅速，3 分钟站好队伍，否则就要挨批评。要让学生注重细节，教育者就要制定出相应的标准和规范。标准和规范，就是对细节的量化。

2. 作为成年人的老师，更应该形成一种规范，以切身的行动去感化、影响身边的学生，甚至每一个人。

心理专家也指出，老师在日常生活中的一言一行都将对学生的成长产生影响。

一天，一位家长向老师提到他儿子回家叙说的一件事：昨天计算机课，该生和同桌先后被老师提问，两人的回答都正确。老师对同桌说的是"请坐下"，而对他说的却是"坐下去"。他当时感受到很委屈，觉得老师偏心，课再也无法平心静气地听下去。

一次偶然的机会，老师"偷听"到了两个学生的谈话。一个学生拿着作业本高兴地对另一个同学说："你看，我这次又得了一个'优'。"另一个学生似乎比他更高兴，指着作业本自豪地说："你的'优'老师写得又

小又潦草，你看我这个'优'，又大又工整，多漂亮呀！比你的要好得多了！"前一个学生顿时哑口无言，面带愧色。

老师对学生的一句轻声问候、一个亲昵的动作也会成为师生间沟通中最有效的强音，成为学生一生都难以磨灭的记忆。

3. 对学生的教育，应当注意从学生的一言一行、一举一动去培养、塑造和要求，从而潜移默化地培养出一个优秀的学生。事实也正是如此。教育界人士认为，培养正在成长中的学生，讲大道理不能说没有作用，但要从根本上触动学生思想和神经，还是得从生活中点点滴滴的小事情、小细节上抓起。

特别是对于一些不可忽视的关键细节，如生活、学习的方方面面，小到餐桌礼仪，"餐桌"教育、"床头"教育、"待客"教育、"打电话"教育，大到积极心态的培养等，随时发生在身边的细节，并针对这些细节提出老师自己独特的教育方法。

只要我们的老师懂得如何在细节中塑造自己、塑造学生，善于抓住每一次细小的教育契机，成功的激励将不再是一句空话，甚至可能会形成一股无往不胜的教育旋风，让学生的心海翻起波澜。

4. 将小中见大渗透到授课方式中去，让学生们充分明白"小"的威力，懂得以"小"巧破千斤的道理。譬如学生写作文，往往重"大"弃"小"，习惯于搜肠刮肚地去寻找大材料。常常为找不到董存瑞舍身炸暗堡，黄继光献身堵枪眼那样的材料而大伤脑筋，即使有些真实的小材料，也要添油加醋地夸张成大材料。例如把学生拾到几分钱交给失主，夸张成几百或上千元；写某学生进步快，昨天还许多门功课不及格，今天就各门功课考到90多分或100分；写某学生见义勇为，十二三岁的学生就打败了手拿凶器的歹徒……结果弄巧成拙，事与愿违，使本来真实可信的材料失真，让人看后皱眉费解。

分析原因，学生们一是对材料"大"、"小"认识上有偏见，二是低估了"小中见大"写法的作用。他们认为小材料不能反映大问题，不能说明道理。

这时，作为老师，便可如此引导式地试问："雷锋同志没有做出惊天动地的大事情，难道就不值得人们学习吗？正是因为他从小事做起，从点滴做起，时时处处全心全意地为人民服务，一言一行严格要求自己，而成为伟大的共产主义战士，成为家喻户晓、人人敬仰的榜样。几十年来，他的精神陶冶着人们的情操，鼓舞着人们的行动，难道他逊色于战争年代的英雄吗？与其大而失信，不如小而求真。如现代著名作家王愿坚写的《七根火柴》，运用细节描写，采用'小中见大'的写法，通过写一位无名战士在长征途中用生命保存七根火柴的感人事迹，表现了红军战士为了革命事业不畏艰险，舍己为人的高尚品质，又有谁计较'七根火柴'的经济价值呢？"

5. 注重落实和长期不断地坚持。要让学生养成良好的习惯，不是校长在校会上讲一讲就会实现的，也不是班主任在班会上讲一讲就能解决问题的，而是需要严格的检查与落实。例如，要求学号是 6 号的同学必须把自己的衣服放到 6 号挂钩上，如果他能次次按这一要求去做，时间长了就会形成自觉，就会明白放东西要有秩序，自己的事情也会处理得有条不紊。

细节要靠恒久的训练才能内化成习惯。一手漂亮的字，要在"回宫格"、"田字格"或者"米字格"里练上好久，或者要对名家字帖长期描摹。所以，任何习惯的养成都要经过管理者"格式化"的训练。把自己的物品放在指定的位置，不是靠一次提醒；把垃圾放入垃圾箱，不是靠一次监督。事事如此，时时如此，变被动成主动，变有意识为无意识，才会最终养成习惯。

每个人都在努力地追求着成功，可有些人似乎轻而易举就获得了成功，而我们却总在原地踏步。是什么支撑着他们，又是什么制约着我们呢？

当一些老师将简单的事情变得越来越复杂、将浅显的东西鼓捣得深远、将小事情拔得越来越高时，殊不知，在生活中，正是一些容易被忽略的细节和细节所包含的道理，才真正地反映了我们孜孜以求的真谛：智慧。

细节中就蕴涵着大智慧和大教育，它犹如一扇扇虚掩着的门，从那门

缝中遗漏出的一线光束中，就足以令学生进入一个豁然开朗的境界。

细节激励，犹似一份精美新鲜的小快餐，滴水藏海，小中见大。在慢慢的体会中，学生们慢慢地前进，并开始了凤凰涅槃之旅；在不知不觉中，你为学生们点上了一盏心灯。

优秀教师的激励方法

第三节 用"暗示法"教育学生

每个人都带着一个看不见的法宝。这个法宝具有两种不同的作用，这两种不同的作用都很神奇。它会让你鼓起信心和勇气，抓住机遇，采取行动，去获得财富、成就、健康和幸福；也会让你排斥和失去这些极为宝贵的东西。这个法宝的两面就是两种截然不同的心理上的自我暗示，关键就在于你选择哪一面，经常使用哪一面了。而对于学生来讲，用暗示的方法激励学生，比用直截了当的方法命令学生效果要好得多。

公元197年，曹操伐吴，领兵十万，从许昌南下，路过安徽含山县梅山，将士们口渴心焦却找不到水喝，加上天气十分炎热，眼看着很多人就快扛不下去了！这时，曹操心生一计，指着前方大声喊道："我知道前面有一片大梅林，梅子很多，又甜又酸，可以解渴。大家快点跟上！"将士一听到酸梅，不由口舌生津，于是鼓足力气，努力向前赶去。

这便是成语"望梅止渴"的来历。

如果不是曹操运用心理暗示重新激发起将士们进军的意志，大队人马很可能在中途就全倒下了。

一个责备的眼神，能让开小差的学生迅速收回信马由缰的心。

一个鼓励的微笑，能让灰心丧气的学生再次扬起前进的风帆。

一句暗含着哲理的话，能让调皮生事的学生猛然警醒，也能让处于苦闷中的学生豁然开朗。

有这么个班级：

这个班的教室内长期地乱纸飞扬，是学校有名的脏、乱、差班级，学生宿舍中的卫生也一团糟，校卫生评分榜上，该班从来都是"最差"，口碑极坏。并且这个班的学生从来不顾老师校长的劝诫，因此老师们都感到

无能为力。

当校长宣布胡老师接任这个班的辅导员时，教友们都十分同情她。

胡老师笑道："不要这样看着我，不要用同情的目光看着我。我已经仔细地分析过了那些学生的心理特点，他们正处于青春叛逆期，自尊心强。以往那种居高临下式的说教，他们当然会反感的，也许我会有好办法治服他们。"

第一堂课，胡老师刚走到教室，就注意到教室门前的一片狼藉。学生们似乎刚刚嬉戏打闹过，没来得及收拾。

胡老师佯装视而不见，和学生们问好之后，道："同学们，我有件礼物送给你们，你们猜猜是什么？"

学生们好奇地睁大了眼睛，不知道这位新来的老师到底想要什么花招。

胡老师拿出十几幅风景画来，"你们看，这几幅漂亮的山水画多美啊。我们把它们挂在教室的墙上，怎么样？"

学生们立即眉开眼笑起来，几个男生主动上来帮胡老师把画挂好。

胡老师又说道："还有几盆鲜花放在外边，张帅、刘笑，麻烦你们帮我搬一下。"

鲜花搬进来了，红色的，粉色的，嫩绿的叶子上还有几滴晶莹的水珠，看得出来是胡老师刚给它们浇过水。

墙上是一幅幅山水风景画，讲台上、窗台上是一盆盆鲜花，突然之间把整个教室衬托得分外美丽，美中不足的是地上废纸成堆。

几天后，胡老师注意到教室的地面比以前干净了一些，不过还是有废纸屑。

有一天，胡老师悄悄来到教室巡视时，一个叫王琪的调皮鬼一扬手，一团废纸在空中来了个"抛物线运动"，正好落在了讲台上。

王琪很快注意到了站在门口的胡老师，便慌了，说了声："胡老师……"便脸红了。

但胡老师一言未发，只管自己走过去，弯腰把那团废纸捡起，并扔进垃圾桶。

王琪的脸一下红到了耳根，正低着头等着胡老师批评，胡老师人已经出门了。

打这后，这个班的卫生越来越好，地面开始光洁一新，极少再见到废纸屑。

前任辅导员奇怪地对胡老师说："胡老师，我感到非常奇怪呀，以前，那些淘气鬼们经常把教室里搞得乌烟瘴气，尘土飞扬，一到那个班，我就不由掩住鼻子，现在好像换了一个教室似的，空气也清新多了。"

胡老师暗暗高兴。

接下来，在一次学校要求的大扫除中，胡老师的班还没有开始行动，二（9）班的学生便来借拖把。胡老师还没有回话，就听有学生说："不借！借了我们过会儿用什么拖呀！"随即就有好多人附和道："就是嘛，不能借给他们！"

看着班级学生小气的架势，胡老师只好提议："我们就先借给他们吧，反正我们还没有开始呢，再说等会儿我们可以先捡纸，擦玻璃、墙面，最后再拖地呀！"

谁知竟然还有学生说道："他们把我们拖把弄坏怎么办，不借！"

面对学生狭隘自私的本位主义思想，胡老师一怒之下，毫不客气地批评了学生一顿："你们也太不懂道理了，怎么能这么自私……"

顿时，教室里鸦雀无声，学生们低下了脑袋。

这事过后，胡老师惊讶地从学生周记里发现很多人都写了这天的想法，他们还是认为不该把拖把借给九班，还罗列了一大堆理由：什么爱护公物啦，班级集体荣誉感啦等等。胡老师这才发现，教师以势压人的批评是不能解决孩子们的思想问题的。简单生硬的批评，至多只能改变学生的口头认识，只有从思想深处触动学生，才能真正改变学生的思想情感乃至行为。

于是，胡老师故意设计了下面的情节：胡老师把班级的拖把藏了起来，学生值日时，找不到拖把，胡老师就安排他们去二（9）班借。

"胡老师，他们不会借给我们的！"

"为什么？"

"因为他们要用呀！"

"不一定哦，请我们劳动委员去借借看！"

劳动委员不太情愿地去借了（这个班的班主任已经事先和胡老师说好了）。不一会儿，劳动委员带着很惊讶的笑容回到教室，十分开心地告诉大家：

"他们竟然同意了，说让我们先用！！"

其余的学生们也都瞪大了惊奇的眼睛。

胡老师赶紧抓住时机引导学生："九班同学自己也要用拖把，为什么就愿意借给我们呢？雷锋叔叔一事当前先想谁？我们以后再遇到类似的事该怎样做呢？"

教室里安静了下来，学生们陷入了沉思之中……

近朱者赤，近墨者黑，所以古时便有孟母三迁，为的是给予孩子一个适合其学习的环境，一个能陶冶其情操的环境。

环境有着一股无与伦比的强烈的暗示力。

人能改造环境，环境也能改造人。

但是，对于人格和意志尚未完全建立起来的少年学子们来说，环境的影响力往往要大得多。

正如这个班的班主任一样，优秀胡老师用创造良好的环境和气氛来暗示学生们应该如何调整自己的行动。

老师巧妙地运用"暗示"的手段，能收到比直言不讳的正面教育更佳的教育效果。暗示是一种强烈的牵引力。

环境的美是一种无声的语言，当学生们看到美丽的鲜花和动人的风景画与周围的环境反差太大时，他们就会自己动手，使之协调。

当学生亲眼看到老师捡起自己随手乱扔的废纸时，他们不可能无动于衷。也许，这些敏感的家伙此时正像打翻了的五味瓶一样翻腾着自己的血液！

借拖把也是一种无声的教育，看到其他班的学生如此大方，好胜心强的学生岂能落于人后？

不用说太多，也不用去批评，这个班只是通过胡老师几次暗示指导，就收到了预想不到的效果，让原先一个出了名的捣蛋鬼班面貌一新！胡老师无声的暗示收到了一箭双雕的效果。

暗示的巨大魅力，在于它的不直接、不严厉，不说教，在于它的温和，它的圆滑和巧妙，在于它让对方自己去反省，而不是强制性灌输。因此，学生们会不自觉地接受自己喜欢、钦佩、信任和崇拜的老师的各种暗示。比如，当你亲昵地拍拍学生的肩膀，或是瞪他一眼，他很快就能感受到你的鼓励或谴责。再比如，在课堂上，你让学生们猜个谜，并说这个谜非常难猜。尽管此谜未必难猜，但是这时学生们大多已无心解谜，静等谜底——这和你说谜前的"趋难暗示"有关。

暗示就是不直接、不明白地表示自己的意思，而是用含蓄的语言或示意的举动，使学生明白或者悟出该怎么做，不应该怎么做，从而达到教育教学的目的。

我们常用的暗示方法有环境暗示、语言暗示、心理暗示等，其具体功用各不相同。对不同性格、不同气质、不同表现的学生，优秀的教师必须学会运用不同的暗示方式传递信息、交流感情。

1. 环境暗示

环境暗示。好的环境能使人身心舒畅。产生良好的心理效应。差的环境则使学生产生不良的影响。因此，班主任可根据实际情况创设以下几种环境。

（1）制定班训。班主任要结合本班情况制定出切实可行的简明扼要的班训置于黑板上方。其对学生的学习有激励督导作用。如："静"、"敬"、"为祖国而学习"等等。这样既美化了教室环境，又能够使学生时刻接受教育，对他们的行为有一定的约束力。

（2）悬挂名人画像。在教室内悬挂名人画像，如：竺可桢、邓稼先、鲁迅、牛顿、富兰克林等等。这些在各个领域做出重大贡献的伟人，都是学生崇拜的偶像，他们能使学生在心目中树立正确的学习目的，产生良好的学习动机和克服缺点、战胜困难的力量。

（3）在班内配置《良好中学生日常行为规范》、《班级公约》、《学生管理条例》、《文明班级条件》、《学雷锋标兵条件》等，积极利用教室内黑板报墙报等，提出班内近期奋斗目标，给学生创设一个积极的、向上的、奋斗的暗示环境。

2. 语言暗示激励

针对不同性格、不同境遇、不同表现的学生，运用合适的语言传递信息，鼓励学生敢说、爱说，让学生从成功感上产生强大的鼓舞力量，获得继续前进的推动力，如"你行"、"你来试试……"、"刚才，你总结得很好，还有什么补充吗？"等，都是很好的暗示语。

3. 情景暗示，指对环境的刻意规划，以达到激励目的

心理学研究表明，学生情感的引发和兴趣产生，往往与一定情景有关。

生动感人的情景能增强学生内心体验，引起学生的愉快情绪和探索兴趣，有助于启迪学生积极主动思考问题。

4. 眼神激励

常言说，眼睛是心灵的窗户，眼睛可传递丰富信息。实践证明，亲切眼神能开启学生的心扉，是调节学生情绪的催化剂。老师要善于用自己的双眼去发现学生闪光点，及时用鼓励的眼神配以亲切语言加以肯定，让师生在目光中情感相融，从而激励学生更加努力。

5. 心理暗示

心理是一种比较持久的影响整个人精神活动的情绪状态。

良好的心理环境能促使学生克服困难积极主动地学习。反之，则使学生烦闷消沉以致厌学。因此，创设良好的心理环境，可提高学生学习的积极性和主动性。例如：某班学生杰克的成绩非常差，而且很自卑。他不愿和别的同学交往，显得很孤僻。当杰克的老师麦里先生了解到他的反常情绪后，即号召在班内开展手拉手活动，负责帮助具有心理压力的学生，从而慢慢地使杰克消除了心理压力，并逐渐变得开朗起来。

6. 自我认识暗示

老师要善于抓住学生的思想状况，利用积极的自我认识暗示，以促成良好班风的形成。如威斯但丁中学的老师琼丝小姐发现自己的部分学生纪律松懈，有许多缺点，但她却没有正面点出这些现象，而是邀请来学生家

长和各科任课老师，和学生们开了一个别开生面的"说说你的缺点和优点"的主题班会。

具体做法是：把学生分别请上讲台，让他们先说说自己的优点和长处，分析自己的缺点和不足，再谈谈自己的决心，同学们互相寻找闪光点，互相鼓励，互相进步，不久，班内的同学已基本上改正了自己的缺点。

这种意想不到的效果是学生在向老师、家长汇报的过程中充分认识了自己，了解了自己，进行了自我反省，避免了师生对抗的结果。

可见，老师在班级管理中正确使用暗示，能收到意想不到的效果。

但无论我们采取的是哪种暗示，必须明确的一点是，所有的暗示应该起到一种积极的、催学生向上的力量。

反之，消极的暗示，如瞪眼、皱眉等，则会使学生受到伤害，感到压力。而且还会波及到学生的心理健康。

总之，"暗示"是一种良好的教育方法，它委婉、含蓄、富于启发性，如果运用得当，一定能取得"润物细无声"的效果。

好的暗示能督促做错事的学生细细反思，能鼓励好学的学生再接再厉，激励着所有的学生不断奋进！而坏的暗示则会令学生气馁和不安。只要善加利用，暗示能帮助你达到良好的"和平演变"目的。

第四节　教会学生"做梦"

想象力是形成意识画面的一种能力，并且这个画面不是通过感官得到的。这种能力可以在脑海中勾勒出现实生活中不存在、不在场或过去曾经发生过的心理画面、物体或活动。记忆是想象的展现。每个人都具有一定的想象力，但有些人的想象力可能很丰富，有些人的想象力则比较弱。不同的人想象力的程度是不同的。

想象力可以把我们脑子里的一切感受付诸实践。想象力用不同的观点看待任何一种情形，还可以使人想象过去和未来。

想象力有不同的表现形式，白日梦就是其中一种。尽管过多的白日梦会使人不切实际，然而有些白日梦，当我们无法全神贯注于某事物时，却能给人带来短暂的快乐、平静和放松，从压力中得到暂时的解脱。

在想象中，你可以以光的速度一路顺风地去世界各地旅行。尽管想象是暂时的，也只是在脑海中，但它会令你远离包袱，远离困难，以及不顺心的环境，体验自由的感觉。

想象力不只局限于在脑海里看见画面。它包括五种感觉和各种情感。一个人可以想象声音、味道、气味及有形的意识或情感。有些人很容易看到意识画面，有些人则认为想象一段情感很容易，另外的人想象五种感觉中的一种会更舒服。锻炼想象力能使所有的感觉综合起来。

正如著名教育家尼尔·波斯特曼所批评的："孩子们入学时像'问号'，毕业时却像个'句号'，这只能说明是学校教育的失败。"

学生时代本应是做梦的时节，要放飞孩子的心灵，不仅要帮助学生们缓解心灵上的压力，还应积极努力，教会学生"做梦"。

1898 年奥斯加·缅科夫斯基和胡恩·梅林发现把狗的胰腺切除后，狗

就会得糖尿病。这个发现被记入当时的医学杂志上，然而到此为止，没有人再进一步追问为什么如此。

1920年加拿大医生班亭为了给他兼职的安大略州医学院准备一次关于胰脏功能的实验课，读了这个记载后却开始思考：胰腺里可能会有一种物质，控制动物包括人的血液中糖的含量，那么这是什么物质？怎么提取？

班亭真的动起脑筋来，但他当时仅是一个偏僻的农村的医生，没有实验条件，他就回到母校多伦多大学，请他的老师——著名教授约翰·麦克里奥德帮忙。

约翰是一位糖尿病研究权威，他听到自己的学生想研究不治之症糖尿病，认为他是异想天开，便拒绝了他。但班亭已停不下来，他为自己的思考而激动。等到暑假来临，学校实验室终于空下来了之后，班亭再次要求老师准许他借用。约翰不好再拒绝，便给了班亭两个月时间，还给他安排了一名助手，并提供了10只实验用的狗。

班亭用狗进行试验，他把狗的胰腺摘下，捣碎，提取出液体，注射到患糖尿病的狗身上，患病狗的血中含糖量迅速地降低了，他又用牛做试验，结果一样。

假期到了，约翰回校，听了班亭的实验报告，开始还不相信，班亭又重复实验给教授看，教授这时才改变自己的看法。于是立即宣布停止整个实验室原定的各项工作，全力以赴地和班亭一同进行试验，终于发现了医学史上和生物史上很重要的胰岛素。

1923年，班亭和约翰教授共同获得诺贝尔医学与生理学奖。

科学的进步，往往始于标新立异的设想！

甚至可以说，人类的进步、技术的进步、历史的发展，无一不得益于"异想天开"、标新立异！

没有了标新立异，没有了"异想天开"，那么，今天的我们极有可能仍旧生活在原始的丛林里，过着茹毛饮血、捕鱼狩猎的生活！

假若约翰自始至终地拒绝班亭的异想天开，那么，极有可能他将永远不会发现胰岛素，永远难有登上诺贝尔奖台的机会！

如果没有约翰老师的开明、理解和协助，那么，胰岛素的发现者，也

第一章　优秀教师之教育激励

许就不可能是班亭!

当老师对学生的"异想天开"表示赞赏的时候,也就意味着向学生敞开了另一扇科学的大门,另一扇事业和生命的大门!

老师的视野就是学生的视野。鼠目寸光的老师不可能培育出伟大的学生!

所以,一个优秀的教师,他必然会做到:

1. 善待学生的标新立异

一个优秀的教师,是不可能轻易否决学生的奇谈怪论的。

在日本的一节美术课上,教师让学生画苹果,一个学生画了个方苹果,这位教师见了,没有马上作出评价,而是问:"你为什么要把苹果画成方的?""圆苹果摔在地上会到处乱滚,方苹果不会滚。""你的想法真好,希望你好好学习,早日培养出方苹果来。"学生的脸上于是洋溢着一种得意和激情。

在国内某个幼儿园,一次,有个幼儿照老师的范画画好了一个小朋友之后,旁边有加了一团黑色。老师问:"这是什么乱七八糟的东西?"孩子回答:"小朋友的影子。""谁叫你画的?你没看见老师就画了一个小朋友吗?"孩子看看范画,再看看老师严肃的脸,呆呆地立在那儿,不敢再讲什么了。

从上面两件事的处理上,折射出不同的育人观。在日常生活中,学生的创造性思维和行为常常与错误、缺陷、顽皮、任性等相联系,这使得一部分老师常常产生错觉,甚至难以忍受这种"离经叛道",因而在言语上、行动上不自觉地去压抑甚至扼杀学生创造性的萌芽。苹果本来是圆的,画成方的,虽然显得怪异,但那位教师却循循善诱,引导学生说出画方苹果的原因,并且鼓励学生早日培养出方苹果来,这会对学生的创造力培养带来巨大的推动力。而后者却十分可惜,这位老师错过了一次鼓励孩子创造性表现的机会。

教师必须更新育人观念,善待学生的"标新立异"。在教学过程中对学生超乎寻常或不合乎标准的做法,教师不能一棍子打死。诸如对于"冰雪融化后变成什么"的问题,对那些写出标准答案"水"的学生可以给分,对答"春天"的学生不仅不能打"×",而且还要大加鼓励。赞赏他

富于想象力的创造性思维。我们的教育不应使学生成为含羞草，什么都不能去说、去做，成为脆弱、呆板、老气横秋，缺乏自信、活力、激情、个性和磨练的学生。我们要允许他们"标新立异"，让他们充满灵感和想象力。那种循规蹈矩，一味地要求"标准答案"的教育方式，使学生的想象力在不知不觉中被扼杀。没有想象力，哪有创造力？没有创造力，国家发展、民族振兴岂不是空话？

在美国著名的贝尔实验室的门厅里，那尊贝尔的半身塑像下面镌刻着这样一句话："假如你能偶尔偏离正规钻进丛林，你一定能够发现从未见过的东西"。

当学生的答案超出"标准答案"，甚至离题万里时，我们是否会从中看到学生创造性的思维之光呢？

2. 在课堂教学中创设情景，充分调动学生的创造潜力

人的创造能力一开始往往不被发现，没能引起足够的重视。正因如此，很多学生的创造潜力不能被及时发掘出来。著名的发明家爱迪生小学时代被老师认为是"笨孩子"就是这个道理。

因而，教师应多创设情境，充分调动学生的创造潜力。充分运用实物演示、音乐渲染等手段，努力设置最佳氛围，为学生创设一种理智和情感并存的意境，让学生加深对事物的认识和情感体验，促使学生积极的思维，展开想象的翅膀，充分发挥创造潜能。

3. 让学生走进自然，走向社会，激发学生的创新欲望

苏霍姆林斯基说："当儿童跨进校门以后，不要把他的思维套进黑板和识字课本的框框里，不要让教室的四堵墙把他跟气象万千的世界隔绝开来。"

让学生走进自然，接受自然的陶冶，让学生走入社会，在社会中接受锻炼已是创新教育的迫切要求。

在自然中，学生能够自由呼吸、自由嬉戏、自由想象。很多具有灵活性和创意的作品往往是走入自然后才产生的。教师应利用各种机会，利用写生课、活动课、兴趣小组、团队活动，带学生体验自然的魅力，探究自然的无穷奥妙：大到宇宙星辰的明灭、四季的变迁，小到花鸟鱼虫的生长

规律。这些直观感知，逐渐在学生的心灵深处沉淀下来，成为日后创作的源泉。

试想，如果没有对动植物细致的观察，怎会有活灵活现、栩栩如生的形象出现？再试想，沐浴在春风中，嗅着花香和泥土的芬芳，欣赏着美景，什么样美妙的春景描绘不出来呢？

如果说走进自然陶冶了学生的身心，那走向社会则锻炼了学生的能力，学生在社会这个大熔炉里积累了人生的经验，为以后的创作提供丰富的素材。

在教线造型《漫画人物》时，北京一美术学院的老师麦迪曾把学生分成两组：A组，课前不布置任何作业；B组，要求学生到生活中去观察人物的脸型、五官特征，观察他们的走姿体态，了解其性格气质。

作业后，麦迪发现效果截然不同：A组学生所画漫画人物相对平淡，几乎千篇一律临摹书中的阿凡提、马季和姜昆；B组学生的作品就生动得多了。可谓创意无限：有的表现的是慈眉善目缺了牙齿的老太太，有的画的是神气十足、衣冠楚楚的帅哥，也有的画的是大腹便便、趾高气扬的个体老板……走向社会，不仅激发了学生的创作美感，还让学生领略了人生真、善、美的真谛。

教师应创造足够的机会，培养学生的实践能力。

任何知识不经实践都不可能变为能力。给学生创造足够的机会，让他们积极地动手操作，参与实践，才是培养创新人才的有效途径。

心理学家皮亚杰曾指出：教育的首要目标在于培养有创新能力的人，而不是重复前人所做的事情。

别林斯基曾经说过："年轻的时候应该追求那种叫做虚幻的东西，不能过早的把人培养得太现实，要敢于做梦。"

人类的进步、技术的进步、历史的发展，无一不得益于异想天开、标新立异！可以说没有标新异、"异想天开"，我们今天极有可能仍旧生活在原始的丛林里，过着茹毛饮血、捕鱼狩猎的生活！作为教师，我们有责任和鼓励学生"标新立异"、"无中生有"、"异想天开"和"纵横驰骋"从而培养学生勇于探索、敢于创造的独创精神。

第五节　用爱激励"坏学生"

　　教师积极的情感，给学生的关爱，对学生的健康成长起着催化作用。多关心、少指责，多沟通、少批评是保护学生幼小心灵的灵丹妙药。如果对学生成绩下降，横加指责，严厉批评，可能会把他们推得更远。教师不仅限于教书，更重要的是育人。当好学生的知心朋友，当好她们的心理医生，这样才算得上是合格教师。教育家苏霍姆林斯基曾发出这样的教育感言："热爱孩子是教师生活中最主要的东西。"的确，没有热爱，就没有教育。孩子尚小，年幼的他们心智没有成熟，不小心犯错也好，故意捣蛋也罢，都是正常不过的事情。他们需要的不是大声呵斥，不是严厉苛责，而是来自老师的，来自亲人的，甚至来自全社会的关爱。真爱无痕，真水无香。只有博大、宽广、不求回报的师爱，只有浸润在自身生命里崇高的师爱，才能成就孩子童年的美丽和人生的梦想！

　　当我们的孩子享受着师爱雨露的滋润，沐浴在师爱的阳光下，犹如春苗节节拔高，茁壮成长，我们才可以自豪地说，我们的教育是成功的，我们的孩子，享受着真正的教育，良好的教育！

　　下面这个故事，可以更好地说明。

　　罗杰·罗尔斯是纽约历史上第一位黑人州长，在他就职的记者招待会上，罗尔斯没有提及他如何成为一名州长的奋斗史，只说了一个非常陌生的名字——皮尔·保罗。

　　这个人正是他的小学校长，那么他为什么在就职招待会上提及他的小学校长呢？

　　原来罗杰·罗尔斯出生在美国纽约的一个贫民窟，上小学时，正值美国嬉皮士流行的年代，种族歧视还很严重，黑人的地位还非常低下，而贫民窟里的黑人学生比"迷惘的一代"还要无所事事，他们旷课、斗殴，甚至砸烂教室的黑板。

由于受环境的影响，小时候的罗尔斯和其他黑人孩子一样，打架、逃学、流浪、口吐秽言……谁能想到这样的孩子会有什么出息呢！

就在这时，罗尔斯所在的学校来了一位新校长保罗先生。

这位校长对每一个孩子都非常的关心爱护，尤其是那些黑人孩子。在他眼里，每一个黑人孩子都有着最可爱的一面，只不过那些白人老师们没有注意到罢了。

有一天上课了，罗尔斯不知为什么，突然站起来，跑到窗台上想跳下去。正好保罗校长过来了，罗尔斯一时间跳也不是，下也不是，干脆就站在窗台上不动了。

保罗见状，连忙说："罗尔斯，快下来，到这边来，我有话和你说！"

罗尔斯灰头土脸地从窗台上跳下来，紧张地看着保罗校长，不知道校长会说什么。

保罗蹲下来，注视着罗尔斯的双眼，用手指触摸着他修长的小拇指，说："罗尔斯，这是一双纽约州长的手！我敢保证你将来一定会是纽约州的州长！"

罗尔斯一听大吃一惊，简直不敢相信自己的耳朵，这是真的吗？我会是一名州长？因为长这么大，只有奶奶的话让他高兴过一次，因为她说他将来可以当一名大副。

"保罗先生，你是在和我开玩笑吧？"

保罗使劲握了握罗尔斯的小手："罗尔斯，你知道吗？刚才你站在窗台上的样子就好像一个州长在发表演说似的，所以我发誓只要你努力，你将来一定会成为一名州长！"

罗尔斯的眼睛里闪出一丝光芒，可转瞬间又黯淡了。

"可是，保罗先生，我是个黑人……"罗尔斯嗫嚅着。

保罗用手抚摸着小罗尔斯的头，眼睛里充满了温柔和爱："孩子，不管是黑人还是白人，都是上帝的宠儿。上帝爱黑人，就如同爱白人一样。我也是爱你的，就如同爱你的白人同学一样爱你！罗尔斯，你要记住，只要你愿意，你一定会成为州长！"

保罗的这句话深深地打动了这个孩子。从那天开始，纽约州长就像一面旗帜一样牢牢地竖立在罗尔斯的心里。他好像变了一个人一样，开始挺直腰杆走路，衣服不再污渍斑斑，说话不再污言秽语，他改掉了从前的种种坏毛病，因为他认为一个真正的州长就是这样的。很快，罗尔斯就成为班里的主席。

此后的 40 多年间，罗尔斯始终牢记着保罗校长的预言，并且始终以州长的身份要求自己，终于在他 51 岁时真正成为纽约州第 53 任州长。

"你一定会是州长！"

这句话如同皮格马利翁效应一样在小罗尔斯身上起了作用，让他从此不再沉沦，不再与脏乱为伍，不再对自己的"黑皮肤"耿耿于怀，对未来也充满了美好的向往。

在保罗校长眼里是没有所谓的坏学生的，在他眼里看到的是学生的长处，学生的优点，学生最美好的一面。

对于学生，尤其是对那些坏学生们来说，老师的一个眼神、一个手势、一次微笑、一句短短的评语……都是他们改正缺点的一个最理直气壮的理由！

只要是用心传递的关爱，你就能走进学生那五彩缤纷的内心世界，你就能触摸到一个个灵动的生命。孩子们在心灵深处欢迎你的到来，因你，他们将产生新的智能，甚至改变他们的一生！

罗尔斯是不幸的，并不仅仅因为他的黑皮肤，更多的是因为他所处的环境。因为环境的影响，让他从小就不求上进，只知惹事生非，这样的学生也正是许多老师眼里的"坏学生"。

罗尔斯又是幸运的，因为他遇到了保罗这位极富爱心的老师。

面对上课了还要跳上窗台捣乱的罗尔斯，保罗校长没有简单地训斥一番，告诉他"这样做不对，太危险"，而是换了一种以退为进的策略。

他假借打赌给罗尔斯以激励：只要你愿意，你就能成为州长。

保罗校长的话让小罗尔斯感受到一种被人尊重、被人爱的幸福，同时也意味着在他眼前指出了一条他从未看到过的大路：沿着这条路走，你就会走出一条完全不同于现在的道路。

要知道"州长"在小罗尔斯这个黑人孩子心中是一个多么神秘的字眼啊，何况在当时的美国，从来没有一位黑人能够当上州长！

这份来自老师心中最无私的爱，让小罗尔斯从一个不求上进的坏学生成为了班里的主席，从一个贫民窟里的黑人成为了纽约历史上第一位黑人州长！

事实上，每一个学生都有着极强的上进心，而那些"坏学生"们更是如此，只是因为环境的习惯和世俗的眼光，才让他们产生了一种"破罐子破摔"的心理：反正老师也不说我好，我就这么坏下去吧。

多年来，我们的教育界形成了这样一种风俗：好学生人见人爱，坏学生人见人烦。

爱一个好学生并不难，因为他本身就讨人喜爱，爱一个坏学生才是对教师的重大考验。

于是在现实中，大多数老师对两类学生的态度可谓是两极分化：在情感上，对前者是喜爱，对后者是厌恶；在教育上，宁愿给前者开"小灶"，而不愿给后者多花一点"功夫"；在教育方法上，给前者表扬奖励多，给后者批评训斥多，甚至冠以"顽固不化"、"朽木不可雕也"的说法。

这样的结果，正如前苏联一位教育家说的："你说他是好学生，他就朝好的方面努力，你说他是坏学生，他就朝坏的方向滑去。"

实际上，有的学生之所以暂时比较落后，只是因为他还没有找到适合自己发展的环境和土壤。

北京通州区一位普普通通的化学老师李圣珍，几年来用爱心把一个个处在悬崖边上的"坏学生"拉了回来，给了他们重生的勇气和信心。

这些坏学生在老师、在家长眼里都已经到了不可救药的地步，而在李老师身边，奇迹接连出现：一个天资聪慧却装疯不愿上学的女孩考上了大学；一个一心扑在游戏机上，甚至为此与父母动手的男孩成为李老师学生中第一个出国留学的学生……

人们不禁要问：这位老师是用什么奇妙方法让这些坏学生回头的？请听听李圣珍老师的心声：其实坏学生和好学生只有一步之遥，没有一个学生天生就是坏学生，他们缺少的就是爱。只要你付出足够的爱，他们就能迷途知返，向着有阳光的地方走去！

虽然坏学生们有很多不足之处，但即使再坏的学生也总有某方面的特长或优势，比如学习差的，他可能在体育方面很好，或在音乐、美术方面有特长。

因此，教师要善于捕捉他们身上的闪光点，发掘其身上的潜能，充分肯定，千万不要吝惜"好话"，积极的评价能使学生的进取之火燃得更旺，使坏学生重新找回自我，获取克服缺点的勇气和信心。

面对"坏学生"，一定要把自己"与人为善"的爱心倾注给他们，用爱心激励他们不断前进，不断挑战自我，不断向着"好"方向转化，这才是一个真正的富有爱心的教师。

师爱的力量是无穷的，罗尔斯的成功之路就是最好的例证！

那么，我们该如何去激励这些"坏学生"呢？

首先，爱学生就要了解他们。

只有了解一个学生的时候，才能根据学生的特点加以激励。苏霍姆林斯基说得好：不了解孩子，不了解他的智力发展，他的思维、兴趣、爱好、才能、禀赋、倾向，就谈不上教育。了解他们的爱好和才能，了解他们的个性特点，了解他们的精神世界。对一个好教师而言，只有了解了每个学生的特点，才能引导他们成为有个性、有志向、有智能的完整的人。教育是对人类灵魂的引导和塑造。

其次，公平对待所有学生，把每一个学生都视为平等的弟子。

据调查，在学生眼里，"公正客观"被视为理想教师最重要的品质之一，他们最希望教师对所有学生一视同仁，不厚此薄彼；他们最不满意教师凭个人好恶偏爱、偏袒某些学生或冷落、歧视某些学生。

在教育过程中，教师是主导，学生是主体，教与学，互为关联，互为依存，所谓"教学相长"，"师不必贤于弟子，弟子不必不如师。闻道有先后，术业有专攻"。

一个好教师会将学生放在平等地位，信任他们，尊重他们，视为自己的朋友和共同探求真理的伙伴。

第一章 优秀教师之教育激励

教育是教师的事业，需要教师的奉献与牺牲；教育是科学，科学的价值在于求真；教育是艺术，艺术的生命在于创新；教育是公益的，公益的意义在于爱！

爱是春雷，能惊醒迷途的孩子；爱如夏雨，能沁入学生的心脾；爱是秋风，能拂去孩子心灵的尘垢；爱如冬日，能温暖学生的心灵。

"师爱是石，能敲出学生希望之火；师爱是火，能点燃学生熄灭的灯；师爱是灯，能照亮学生夜行的路；师爱是路，能导引走学生走向辉煌的黎明"。作为一名人民教师，如果我们的心中没有对学生的爱，那么我相信也不会换来学生对我们的尊敬。一个有道德追求的教师，首先必须履行的一条最基本的道德准则是热爱学生。教师，不但是给学生传道授业解惑的、可敬可佩的老师，也是最能了解和信任学生的朋友，最能体贴和爱护学生的母亲。教师对于学生的爱，与父母对于孩子的爱一样，是自然的，发自内心的，出于对儿童本身的成长和进步的喜欢，而不是源自儿童带来的某种利益和回报。教师的爱，又是超越自然的。教师如果只是基于自然的爱，也许就不可能无差别、无条件地去爱一切的儿童。教师的爱又是职责所在，是一种"必须的爱"。这种爱又是理性的，它是爱护与严格的要求相结合，区别于一味的溺爱。教师的爱，是教师一切道德行为的基石。

经典案例

　　鲁迅以战士、作家和青年良师著称，也曾长期担任过中学和大学教师。鲁迅在日本留学时，痛感学医只能医一人体肤之病，而要治中国之病、国人精神之病，就非得采取别的方法，即通过文艺启蒙来告诉国人，如何挺直脊梁做人。

　　一个春日融融的午后，当时还是中学老师的鲁迅刚踏进教室，就闻到一股刺鼻的杀虫剂药水的味道。

　　这是怎么回事？鲁迅还未开口，就接到了男生梁子的投诉："先生，陈立恩不仅用杀虫剂往我们身上乱喷，还对我们的制止置之不理。"

　　唉！又是这个陈立恩！鲁迅心里十分气恼。当他正思忖着该怎样处理这件事时，在一旁擦黑板的陈立恩早已"啪"的一声扔下黑板擦，怒气冲冲地拖出了梁子的书包，狠狠地往走廊上一摔。文具全遭了殃，撒了一地。

　　"陈立恩！"鲁迅喊道。

　　他转过身，瞥了鲁迅一眼，竟然若无其事地继续擦黑板。

　　鲁迅气得嘴唇发青。

　　其实在鲁迅接手该班之前就已经听说过陈立恩的种种"劣迹"：他成绩不好不说，还脾气暴躁，爱与同学打架、谩骂、欺负同学。对于老师的批评，轻则顶嘴，重则摔桌子夺门而出。

　　其他老师一提起他就摇头，并互相告诫："对这家伙要敬而远之。"

　　因为陈立恩这个烫手的山芋，鲁迅是如履薄冰：一方面利用班会课教育学生，同学之间要互相谦让，不要因为小事而斤斤计较；一方面密切地关注陈立恩的一举一动，对于他的小打小闹温言相劝，总担心他捅出什么娄子让自己收拾。

　　好在陈立恩还算有点争气，鲁迅来了一个月，还没闹出什么过分出格的事情让他难堪。可今天，这个马蜂窝到底还是炸开了。

　　当陈立恩回到了他的座位，发现鲁迅先生依然站在讲台上瞪着他，于

第一章　优秀教师之教育激励

是，便也挑衅地把书桌高高地搬起，又使劲地放下，"啪！"又一声巨响。

学生们的目光全落在鲁迅身上，都想看先生怎么处理这件事。真棘手啊！鲁迅定了定神，压住怒气，轻声说道："陈立恩，下课后，到我的办公室，我要和你谈谈。"他又转过头对全班学生说，"我们先上课。大家要认真听，我这节课讲的内容很重要。"

课后，陈立恩跟在鲁迅屁股后边来到了办公室。鲁迅搬过一把椅子，叫陈立恩坐下。

这时，刚刚还一脸无所谓的陈立恩竟然红了脸："不用了，先生，我站着就行了。"

"来，陈立恩，你坐下。我不批评你，只是想和你谈谈心，聊聊天。你站着，我要和你说话时就得仰着头，不舒服。"

陈立恩只得坐了下来。

鲁迅开始沉默了，因为他确实还没想好该如何去与这个素来恶名在外的学生谈心。为了不至于被对方看出自己的尴尬，鲁迅起身给陈立恩倒了一杯水，并递了过去。

当陈立恩诚惶诚恐地接住水杯时，他的眼睛终于柔和了下来。

几分钟过去了，陈立恩主动开口了："先生，我知道我犯了错，我欺负了同学，对您不尊敬，您骂我吧。"

"嗯，好，知道错了就好。你和我说说，你下午为什么用杀虫剂喷同学，为什么脾气那么暴躁？如果是他们的错，我自然也会批评他们的。"鲁迅尽量温和地说道。

陈立恩不断地点着头，完全没有了课前的霸气与嚣张。

第二天，鲁迅意外地收到了一份保证书，是陈立恩写在周记里的。他这样写道：

"先生，我知道我有很多缺点：脾气不好，爱打架，上课也不认真听讲等。其实，我曾经并不是这样的。我原是一个很懂礼貌的人，可是，后来，我发现，我所做的所有尊敬先生们的事情，别的先生都没有同样地回馈于我。而且，我的所作所为还被以前的先生们视为应该的，这太不平等。

"从来没有一位先生让我坐下来说过话。每回都是他们坐着，甚至还跷着二郎腿，而我则要笔直地站在他们面前。我讨厌这种先生。

　　"鲁迅先生，对不起了。你是我见到的最好的老师。我请求你帮助我改正缺点。我很喜欢你所授的课，也很喜欢和你谈话。唯有在你这里，我才能找回失去的自尊……"

　　鲁迅拿着这份保证书，久久地不说话，最后，终于轻叹了一句"教育中没有尊重学生的意识，教育就成了害人的东西了"！

第一章　优秀教师之教育激励

第二章
优秀教师之学习激励

　　学生青春年少、风华正茂，正处于长身体、学知识的重要时期。无疑，这是人生中的一个黄金时期。只有牢牢地抓住这金色的年华，勤奋地刻苦地学习，才能把自己培养成一个有作为、多层次、多规格、高标准的人才。但是，在学习上只是一味地追求勤奋与刻苦还不够，还要注意是否爱学习这个大问题。只有爱学又会学的人，才能充分发挥主动性、积极性去完成各项学习任务，才能跋山涉水、顺利地到达目的地。教育实践证明，在影响学生学习效果的因素中，教师的激励是非常重要的，因此，优秀教师应该学会激励学生学习。

第一节　帮助学生树立目标

　　故事发生在我国的唐朝，有一个磨面的作坊，古代磨面用的是石磨。作坊里有一头驴和一匹马，马负责在外面拉东西，而驴则围着石磨一圈又一圈地拉磨。后来马的好运来了，一个和尚相中了它，让它驼着自己去西天取经，大家想必都已经知道了，这个和尚就是玄奘，老百姓都叫他唐僧。17 年后，他们取到了真经，回到长安，引起了很大的轰动，这匹马也成了名人。当天夜里，马和驴又见面了，马把自己这几年的经历讲给驴听，驴都听呆了，它做梦也想不到外面的世界竟然这么大，这么奇妙，它感慨地对马说："你所说的一切，我真是闻所未闻啊，17 年来，我一天也没有清闲，不停地围着磨盘一圈又一圈地拉磨。现在，你有了如此丰富的经历，取得了令人瞩目的成就，而我却和原来一样，除了年龄增长了 17岁，其他的没有一点变化。"马说："其实 17 年来，当我向西天行进的时候，你的脚步也从来没有停下来，我们经历的时间是相等的，我们走过的路也一样长，不过我和玄奘大师有一个明确而坚定的目标，那就是天竺。而你却被人蒙上了双眼，没有目的、没有方向，一圈又一圈在原地打转。如果你能摘下眼罩，确定一个不变的目标，17 年来坚定不移地向着目标前进，你也一定能取得像我一样的成就。"

　　故事是假的，道理却是真的。只有确定远大的目标，我们才可能有所成就。

　　在美国有一个叫卡耐基的社会学家，他用了 10 年的时间做了一项调查：他在全球范围内，随机抽取了一万人做调查，这些人有着不同种族、不同年龄、不同生活状况。他通过调查发现在这一万人中，只有 3% 的人有明确的生活目标，并为这些目标制定了切实可行的计划。而剩下的 97%

的人或者没有明确的生活目标，或者没有实现这些目标的切实可行的计划。10年后，他又对这些人进行了调查，他发现：5%的人找不到了，剩下的人中，有明确生活目标的那3%的人，无一例外都在不同的行业里取得了令人瞩目的成就，或多或少地实现了自己的目标。而属于原来97%的人则都像平常人一样碌碌无为，人人除了年龄增长了10岁，自己的生活状况、收入水平、工作环境没有什么变化，像我国1000年前的那头驴一样，不停地在原地打转。调查结果引起了极大的轰动，人们从来没有想到，目标对人们人生的影响竟然这么大。

所以，要想有个成功人生，就应该从现在开始，为自己定个人生计划。作为一名教师，帮助学生树立一个适当的人生目标，这是我们义不容辞的责任。

这个世界上，没有无目标的路，只有无目标的人！

设定目标就像建一座金字塔。在解释为什么前，我想讲一个大家都听过的故事。

1984年，在东京国际马拉松邀请赛中，名不见经传的日本选手山田本一出人意料地夺得了世界冠军。全世界的人都好奇他凭什么取得如此惊人的成绩时，而他在自传中这么写道："每次比赛之前，我都要乘车把比赛的线路仔细地看一遍，并把沿途比较醒目的标志画下来，比如第一个标志是银行；第二个标志是一棵大树；第三个标志是一座红房子……这样一直画到赛程的终点。比赛开始后，我就以百米的速度奋力地向第一个目标冲去，等到达第一个目标后，我又以同样的速度向第二个目标冲去。40多公里的赛程，就把我分解的几个小目标轻松地跑完了。起初，我并不懂这样的道理，我把我的目标定在40多公里外终点线上的那面旗帜上，结果我跑到十几公里时就疲惫不堪了，我被前面那段遥远的路程给吓倒了。"

蒙田说过，灵魂如果没有确定的目标，它就会丧失自己，因为，俗语说得好，无所不在等于无所在。行为科学认为，目标导向行动，越接近目标，人的动机强度越强。只要有目标，你的所有的行动、所有的思维就都有了一个方向，就都有了一个你所要努力达到的程度和标准。正如空气对于生命一样，一个好的目标对于学生的人生成功有着绝对的重要性。

成功的学习取决于学习对你的重要性，如果你不能使学习变得很重要，如果你不能使学习变得有乐趣和有收获，你的学习将不会有多少进展。

一个学生如果没有航行目标，那么，所有的学海漫步都将成为漫无边际的转悠，所有方向的风都将成为逆风，他永远也不能到岸。实践证明，一个明确的、经过努力能够达到的目标，对学生有着相当大的激励作用。一个老师如果适时、恰当地提出目标，就能极大地激发学生的热情和积极性、创造性。

在西方历史上，丹麦著名天文学家第谷是把彗星看作天体的第一人。第谷的一生有许多重大发现，而在他晚年时发现、培养了开普勒，则成为了他对科学做出的最大的贡献。

约翰开普勒是继哥白尼之后第一个站出来捍卫太阳中心说、并在天文学方面有突破性成就的人物，被后世的科学史家称为"天上的立法者"。1597 年，年轻的开普勒写成《神秘的宇宙》一书，设计了一个有趣的、由许多有规则的几何形体构成的宇宙模型。第谷看到了这本书，十分欣赏作者的智慧和才能，立即写信给开普勒。热情邀请他做自己的助手，还给他寄去了路费。之后，开普勒有幸成了第谷的助手，这一段经历给了开普勒决定性的影响。

开普勒来到第谷身边以后，师徒俩朝夕相处，形影不离，结成了忘年交。业务上，第谷精心指导；经济上，第谷慷慨相助。第谷由衷希望开普勒这匹千里马早日飞奔。

在第谷的帮助和指导下，开普勒的学业有了巨大的进步。

1601 年第谷病重。临终前，他对开普勒说："我一生之中，都是以观察星辰为工作，我要得到一种准确的星表……现在我希望你能继续我的工作，我把底稿都交给你，你把我观察的结果出版出来，题为《鲁道夫天文表》……"这真是一个艰巨的任务。

面对恩师的遗嘱，开普勒重重地点着头："我发誓，我一定照着你说的去办。"这句话改变了开普勒的一生，他的人生目标也由此而定格。第谷留下的资料，包括他观测到的大约 750 颗星体的资料和图表，这些资料成为开普勒日后作出重大发现的又一坚实基础。

第谷死后，开普勒接替他的职位，被聘为皇帝的数学家。但这个名号虽好，实际收入却十分微薄，甚至不足以养活年迈的母亲和妻儿。生活非常困苦，但开普勒却从未中断过自己的科学研究，他接过了第谷尚未完成的研究工作，并且在这种艰苦的环境下取得了天文学上的累累成果。

后来，开普勒在伽利略的影响下，通过对行星运动进行深入的研究，抛弃了柏拉图和毕达哥拉斯的学说，逐步走上真理和科学的轨道。对火星轨道的研究是开普勒重新研究天体运动的起点。因为在第谷遗留下来的数据资料中，火星的资料是最丰富的，而哥白尼的理论在火星轨道上的偏离最大。

在进行了无数次的试验后，开普勒找到了与事实较为符合的方案，但是，依照这个方法来预测卫星的位置，却跟第谷的数据不符，产生了8分的误差。可是，这8分的误差相当于秒针0.02秒瞬间转过的角度。开普勒知道第谷的实验数据是可信的，那错误出在什么地方呢？正是这个不容忽略的8分使开普勒走上了天文学改革的道路。他敏感地意识到火星的轨道并不是一个圆周。随后，在进行了多次实验后，开普勒将火星轨道确定为椭圆，并用三角定点法测出地球的轨道也是椭圆，断定它运动的线速度跟它与太阳的距离有关。

1609年出版的一本书中公布了两条定律，这本书有一个很长的名字，通常取其前部分，称为《新天文学》或取其后部分，称为《论火星的运动》。其中第一条定律尤为著名，因为开普勒打破了两千多年来的传统，即必须用圆或球来描述天体运动。毋须借助于托勒密和哥白尼用来描述行星运动的周转圆和从圆，开普勒发现只须一个椭圆足矣。在这本书中他还指出，这两条定律同样适用于其他行星和月球的运动。

经过长期繁复的计算和无数次失败，开普勒终于发现了行星运动的第三条定律："行星公转周期的平方等于轨道半长轴的立方。"

这一结果发表在1619年出版的《宇宙和谐论》中。行星运动三定律的发现为经典天文学奠定了基石，并导致数十年后万有引力定律的发现。

1618年，三十年战争爆发，开普勒被迫离开林茨，前往意大利波伦那大学任教。即使在这样颠沛流离的环境下，开普勒依然以不舍的精神和紧张的劳动去攻克天文学上的难关。

1625 年，他写了题为《为第谷·布拉赫申辩》的著作，驳诉了乌尔苏斯对第谷的攻击，因而受到了天主教会的迫害。天主教会将开普勒的著作列为禁书。

1627 年《鲁道夫天文表》正式出版了，开普勒终于完成了第谷的遗愿。

以后一百年的时间里，航海家们都乐于采用《鲁道夫天文表》，因为它是有史以来最精确的一份天文表。

第谷发现开普勒，而开普勒没有辜负恩师的苦心培育和殷切期望，在科学阵地上纵横驰骋，相继创立了行星运动三定律，编出了有史以来最精确的那份天文表，在科学史上做出了不可磨灭的贡献。

一个是识才爱才，对得意门生指明目标，寄以重托，饱含期望，殷殷师恩令人动容。

一个是尊师敬学，对恩师教导念念不忘，不畏困难，接过重担，拳拳心意让人叹服。

俄罗斯有句谚语，一个人努力的目标越高，他的才力就发展得越快，对社会就更有效。这句话用在开普勒身上再恰当不过了。

第谷临终前的话，为开普勒指出了一个长远的，需要不断奋斗才能实现的目标。而这个目标不断激励着开普勒辛苦钻研，不懈求索，向着科学顶峰前进，直到天文表最终问世。

如果没有第谷为他指明的目标，开普勒可能会迫于困窘的生活而改做其他事，不再进行那些繁琐、辛苦又费力不讨好的科学研究。

加上开普勒当时所处的社会环境本身对新兴的科学知识持排斥态度，人们总是习惯于跟从主流思维，容不得与众不同的思维的存在。

如此一来，科学的星空上就会少了一颗夺目的新星，人们也不会记住开普勒的名字，行星运动三大定律的发明人恐怕要改写。

第谷为开普勒提供了最详细、最准确的第一手资料，但这些离他锁定的目标还有很大距离。但至少，第谷的资料辅佐了开普勒，滋润了开普勒

第二章 优秀教师之学习激励

的思想。因为第谷深知，如果开普勒不能在世俗的声音中坚持对第谷的承诺，埋头研究，那么那份天文表就没有问世的可能了。

天文表的问世，实现了第谷的遗愿，也把开普勒推上了顶峰，这个功勋章上少不了第谷为开普勒确立目标的长远视野。

人无目标不立。

唯有目标，才能让生命主次分明，而不至于像大头苍蝇一样毫无目的地瞎飞。

任何一个优秀的教师，都会设法为学生们设置一个甚或几个适度的目标。因为目标有大小之分、长远和短期之分，不同的目标所起的激励作用完全不同。

微不足道的目标是最无用的，因为它没有使学生热血沸腾的魅力。

如果老师指出的目标太近，一方面学生会觉得很容易，很可能"知足"——津津乐道于眼前的得益，从而过高估计了自己的能力，认为所谓的成功目标，只是一蹴而就的事，用不着花大力气。

于是，学生就会经常为自己设定伸手可及的"目标"，凭着小聪明和惯性就手到擒来，不免沾沾自喜，久而久之，学生就放松了素质的锻炼和能力的培养，退化了聪明才智。一旦需要向更高更强的目标进发时，他就无能为力、跌足长叹了。

而另一方面，一旦实现了近期目标，学生又没有长远的目标，他可能会被暂时的种种挫折所击倒。

只有那些长远的、令人生出无限向往的目标才能调动学生全部的好奇心和好胜心。

但如果老师过分夸大长远目标之路的艰难险阻，让学生误以为所谓的目标只是遥远的"乌托邦"，学生就容易产生倦怠心理，从而放弃了目标的努力。

事实上，在迈向成功的路途上，很少有学生能够一帆风顺，总难免会遇到各种各样的阻碍。这些阻碍有的来自外界，有的则来自学生自身，还有种种他无法控制的情况，但都是通向成功的阻碍。

因此，老师指出的目标要符合学生的实际情况，同时目标因人而异。

并且。一个长远的目标要与学生原有的水平有一定距离，学生必须加倍的努力才能实现预期的目标。

那么，如何激励学生向着一个长远的目标前进呢？

首先，要有稳妥的目标指导。

一个长远的目标，其实现过程绝不是几天、几月可以说明的，或者说通向长远目标的那段路是蜿蜒曲折望不到尽头的。

老师应当将其截成几段甚或十几段为中短期目标，指挥学生们循序渐进。越过一个一个短期目标，最终达到长远的目标。

这就好比带领学生爬山，由于山太高，老师只好告诉学生们：爬到前面那个小土丘处有奖，再爬到半山腰的那块大石头前，更有奖。学生们在短期目标的不断刺激下，很快就爬到了山顶。

其次，在目标激励的过程中，要正确处理大目标与小目标，学生个体目标与班级目标、学校目标，理想与现实，原则性与灵活性的关系。在目标考核和评价上，要按照德、能、勤、绩标准对人才进行全面综合考察，定性、定量、定级，做到"刚性"规范，奖罚分明。

最后，要经常性地提醒学生长远目标的存在。

目标作为一种诱引，具有引发、导向和激励的作用。一个人只有不断启发对高目标的追求，也才能启发其奋发向上的内在动力。

正如一位哲人所说"目标和起点之间隔着坎坷和荆棘；理想与现实的矛盾只能用奋斗去统一；困难，会使弱者望而却步，却使强者更加斗志昂然，远大目标不会像黄莺一样歌唱着向我们飞来，却要我们像雄鹰一样勇猛地向它飞去。只有不懈地奋斗，才可以飞到光辉的顶峰。"

而在实现一个目标的过程中，如果有的困难一开始就排除得一干二净，便没有人愿意去尝试有意义的事情了。

学生只有学会一个一个地、脚踏实地地处理前进道路上的障碍，他才会到达目的地。

但不管怎么说，同样是射击，瞄准天空的人总比瞄准树梢的人要射得高。

第二章　优秀教师之学习激励

第二节　激发学生的好奇心

好奇心是对新鲜奇异事物以及纷繁复杂的大千世界进行探究的一种心理倾向，是推动人们主动积极地去观察生活、观察社会，展开创造性思维的内部动因。在人类发展和进步的历程中，有一段永远不会失去光彩，永远激励着有志之士不懈奋斗的动人旋律，是什么呢？它是"好奇—探索—创造"的三步曲。

公元1666年夏天的某一天，有一个人坐在苹果树下乘凉。突然，一个熟透了的苹果"啪"地砸在他的头顶，他伸手捡起那个苹果，产生了疑惑："它为什么落到地上、砸在我的头上而不飞向天空、落到月亮上呢？"

这个苹果让他感到不可思议，让他感到无比好奇。于是，他便开始认真研究，后来便有了牛顿定律，有了近代物理学。

当有两个人看到天空中的鸟儿能自由自在地飞翔，便也想如鸟儿一样飞行于空中，他们便开始致力于飞翔的研究。终于，后来有了飞行器，也有了莱特兄弟与飞机的传奇！

这仍然是因为好奇。

如果天文学家哥白尼离开了在中学时代对日晷的好奇，就有可能没有他提出的著名的"日心说"；如果大发明家爱迪生离开了对一切事物的好奇，就有可能没有他一生发明一千三百二十八项的辉煌成果；如果地质学家李四光离开了对家乡那些来历不明的石头出奇的遐想、好奇的自问，就有可能没有推翻国外学者断定中国没有第四纪冰川的错误理论。

可见，好奇心是人们学习、研究的最初动机，也是最基本的创造心理因素。

是的，正是因为好奇心，才使人类进步得更快，才有了更高的文明。好奇心是促进社会发展的动力。

没有瓦特的好奇心，就没有蒸汽机的出现，英国的工业革命就会推迟；没有哥白尼对天文学的好奇心，就不会有"太阳中心说"的提出，黑暗的中世纪就会更加漫长。

这是个关于一个著名教育家和一个剧作家的真实故事，大约发生在20世纪二三十年代。

那年秋天的南开，要上课了，学生们惊奇地发现他们这位校长兼老师张伯苓先生竟然抱着一个高过他一头的大黑箱子慢慢走进了教室。

"先生，你需要帮忙吗？"一个名叫曹禺的学生第一个喊道。

"很好，帮我扶一下，这东西一路上不停地压迫我的脖子，我都快喘不过气了！"

曹禺跑过来，帮张伯苓将箱子放在讲台上。

学生们一个个眼睛冒着亮光，不知老师的葫芦里藏着什么药。一个胆大的学生问道："先生，你准备搬家吗？为什么把你的箱子搬到教室里来了？"

张伯苓扶了扶眼镜："你们能看出来里边有什么东西吗？"

学生们都笑了起来："先生，这个箱子只有一个小孔，除非我们把眼睛挨近小孔，才有可能看到，不过箱子里又那么黑，可能只有玉皇大帝才看得出来……"

张伯苓一脸笑容："这就对了，我今天就是叫你们来猜谜语来的。同学们，这个箱子里有许多东西，但是我不打算告诉你们里边都有什么东西，不过我会给你们一个机会。来，来，每个人都过来，排队，通过这个小孔把手伸进去，仔细地摸其中一些物体；但是必须空着手退出来，然后根据所摸到东西时的感受和想象写一个小故事，即兴发挥。你们谁来试试？"

"我先来！"曹禺跑了过来，把手伸进小孔，一阵乱摸后，叫道，"老天，这是什么东西？！"曹禺摸了足足两分钟，一脸的惊诧，而张伯苓则站在一边微笑不语。

张伯苓看着曹禺回到座位上，用纸擦掉他手上的黏液后，便对曹禺道："想到什么就写什么，即兴发挥。我今天就是要看看，你们吹牛的本领到底如何。"

周围的学生见状，纷纷踊跃尝试，都想弄明白箱子里到底是什么东西。很快，二十几个学生的脸上全都写满了问号，但张伯苓仍然不肯透露，任凭学生们一边摸一边对箱子里的东西品头论足。

临近下课时，学生们的故事一个个"出炉"。

曹禺的故事写的是："某某年，夷人对华人发起了攻击。为了对付这些外来侵略者，华人发明了一种武器叫'光滑球'，这种小球不仅又湿又滑，任何与它直接接触的物体也会被同化。华人把它偷偷放在夷人居住的地上。于是，一幕幕不可思议的情景出现了：夷人们突然变得寸步难行，只要他们一伸腿就会滑倒，一迈步就会朝天倒。在这种情况下，夷人只得宣布停战。"

而另一个学生则更有些现实的意味："……俗话说，民以食为天。工人们饿极了，只得去地主老财的粮仓中偷粮食。但这个地主老财十分的狡猾，竟然在粮仓的地板上洒满了浆糊。因为是半夜，伸手都不见五指，工人们并没有仔细地察看地板，他们刚一迈进粮仓，就被摔个底朝天，并发出巨大的声响。这次偷粮行动最终只得宣告失败。"

张伯苓看完学生们的故事，十分惊喜："同学们，真没想到，你们的故事写得这么好！"

曹禺站起来："不过，先生，我还是想知道箱子里到底是什么东西！"

张伯苓狡猾地转了转眼睛："箱子里有什么东西不重要，重要的是你们的故事写得很好。我相信你们还会写出更多的、更好的故事来……"说完，抱起箱子就要走。

曹禺等人忙叫道："先生，你说说，里面到底是什么东西？"

张伯苓回道："你们继续猜，猜中有奖，猜不中，但吹牛水准高的话，也有重奖！"说完便脚底抹油——走了。

曹禺等人不由得又来了一番热烈猜测。

数年后，张伯苓突然注意到文坛上出现了一个新星，他的剧本迷倒了无数人，而这位新星的名字就叫曹禺。

报纸介绍说，他这位剧作家之所以能走上创作之路，源于老师的一次箱子的作文课。因为好奇，学生们急欲一睹为快；也因为好奇，他们将手伸入那个"黑箱子"摸索了一通；还是因为好奇却得不到解答，他们只能把自己的感觉或者说是猜测用文字表现出来，不料反而收到了好奇心结出的沉甸甸的果实。

张伯苓是聪明的，因为他知道如何引发学生的好奇心。

学生们是幸运的，因为他们遇到了一位善于激发他们好奇心的老师。

如果说，创造力是开启一切成功大门的唯一一把钥匙，那么，好奇心和想象力则是锻造这把钥匙的熔炉！

箱子里到底是什么？

这确实不重要。重要的是它所引发出来的好奇、议论、猜测、热情和想象。

由于好奇，学生们的思维就会在一种异常开阔的空间中展开活动，而不是拘泥于常理。

由于好奇，学生们面对未知的事物却没有统一的答案时，会很自然地依着自己的思维去想象，去探索，也因此，才会得出各种各样的答案。

没有对箱中物品的好奇和想象力，就没有后来的科幻作家安德鲁。没有对计算机的好奇，就没有后来的微软公司和世界首富比尔·盖茨。好奇心就好像春天的种子，即便在贫瘠的土地里，照样能爆发出奇迹一般的力量！

星星之火，可以燎原，而好奇心就如火柴，它能点燃整个世界。

20世纪50年代，那时全世界的电扇都一律是黑色的，仿佛除了黑色就不叫电扇了。对此，有一个小职员十分好奇："为什么我们的电扇全是黑色的呢？而不可以是其他颜色的呢？我们穿的衣服，用的物品都是五颜六色的，如果电扇的颜色也是彩色，那么会收到什么样的效果呢？"他开始进行彩色电扇的实验。很快，彩色电扇从他手中诞生了，一经推出，立即就刮起抢购热潮，短短几个月就卖掉了几十万台！

正是这个对电扇为何是黑色的小小的好奇心，为东芝日后的腾飞奠定了坚实的基础。

好奇心就是一种创造力。

曾经的我们，也如同这个彩色电扇的发明者一样，面对这个广大的世界，对周围的一切事物都充满了好奇：我从哪里来？天空为什么是蓝的？海的另一边是什么？但随着我们的长大，探索的欲望却越来越低。曾经有一位教育专家指出，随着中国学生的年龄的增长，好奇心也在一点点减弱，如同那曾经拂过我们面庞的微风一去而不复返。我们的学生能够在奥林匹克竞赛上拿金奖，却始终无人能够问鼎诺贝尔奖，这就是证明！

没有好奇心的学生，就如同没有了鱼儿的水一样，不再有生命的活力。这是十分可悲的。这是学生的悲哀，是科技的悲哀，更是教师的悲哀！据心理学家研究表明，学生对知识的好奇心是由教师培养的，教师的好奇心越强，学生的创造性就会越高涨。

具体而言，教师可从以下几个方面入手来激发学生的好奇心：

1. 要有适宜的教学环境，问题情景、情节、氛围等的刺激。有时还要有艺术的夸张。

美国著名心理学家费理德曼在一项实验中发现了一个有趣的原理：他将一所小学的两个班级中的学生各随机抽取 20%，划分为 A、B 两个组。他在 A 组的学生中放置一些色泽迥异的电动玩具，然后用警告而神秘的口吻对他们说："谁也不许碰它。否则我将严厉惩罚他。"在 B 组中同样放置这类玩具，然后作出一副漫不经心的样子和蔼地说："请你们不要碰它，不然我会生气的。"一周之后，让上述 A、B 两组学生各自写出他们所喜爱的东西时。结果，被费理德曼训斥的 A 组几乎都非常喜爱这些电动玩具，而 B 组却对同样的电动玩具不感兴趣。这种奇妙的现象被称为"罗森塔尔效应"，就是一种叛逆心理。当外在理由越充分，刺激越强烈，人的内心需求欲望越强烈，好奇心也就越大。反之，刺激越小，人的内心需求欲望和好奇心也就越小。

2. 将好奇心引向知识的海洋。

柏拉图说："好奇者，知识之门。"教师要把学生的好奇心引向对知识的渴求和探索。循规蹈矩的教学模式激发不了学生的学习兴趣和好奇心。因而，要丰富教学内容，采纳新奇的教学方法。低年级多讲一讲，演一演科学家、发明家的故事，多做有趣的游戏，多做尝一尝、看一看、听一听、试一试的实验；高年级多讲讲科技发展史，鼓励学生多阅读课外读物，用科学知识去激发与满足他们的好奇心，去探索书籍中知识的无穷奥秘。

3. 将好奇心引向大自然中。

教师要经常把学生们带到大自然中。让他们观察各季节里花虫鸟草的变化。带他们到池塘边观察小蝌蚪，看看它们是怎么变成活泼乱跳的小青蛙的；在夏令营里，让学生观察夏夜的星空，让他们对横亘的银河，闪烁的星星以及盈缺交替的月亮产生好奇和兴趣。总之，教学中要创造条件让神奇的大自然来容纳学生们无穷而强烈的好奇心，培养他们勇于探索的精神。

4. 鼓励、支持学生的"好动"、"好问"，以使他们保持探求事物的兴趣和信心。

学生们从一生下来，就开始透过玩这种游戏来了解世界。他们会"拆卸"玩具，甚至"破坏"玩具，其动机是急于了解玩具的"秘密"，寻找问题的答案，其中蕴含着探索和创造的宝贵因素。他们在玩的过程中所表现出来的好奇心是人类所最富有创造力的特性，我们应该加以尊重、理解、鼓励和引导。要给学生创造活动条件，充分利用废旧物品：各种机械玩具、手电筒、钟表、半导体收音机等，以及各种废旧材料：纸板、报纸、废电池、小发电机、各种螺丝，等等。让他们尽情地去拆卸、去组装、去制作、去设计。在活动中有意识地去训练和引导他们的好奇心、想象力和探索的激情。

大发明家爱迪生小的时候就喜欢问"为什么"，他聪明的母亲总是充分肯定了他敢于提问的精神，并加以培养，终于让他成为举世闻名的大发明家。这个事例告诉我们，学生敢问"为什么"是求知欲的反映，是创新意识的萌芽。作为老师，应高度重视并加以引导，千万不能扼杀学生的创新灵性，在充分尊重学生的基础上，用新课改理念去保护学生求知、创新

的灵性。

面对神秘而又美丽的大千世界，学生常常会提出许多"为什么"，作为老师应该感到高兴，感到自豪，再苦再累，再忙再烦，都不能损害学生的好奇心，一定要抽出时间，耐心听完学生提出的"为什么"，并同学生一道共同解决问题。一时解答不了的问题，可以查资料，也可以去找相关学科的老师，还可以打电话向有关专家请教，绝不能瞎编乱造，以讹传讹，引导学生寻根问底，弄清问题的来龙去脉。老师可以鼓励学生常提问题，随时欢迎学生提问题，尽量创造条件让学生自由地去探索、主动去合作，从而找到问题的答案，让学生学会解决问题的办法，老师还可以主动给学生提"为什么"创造条件，激发学生的求知欲，唤起学生的创新意识，培养学生探索世界的兴趣，让学生的终身受用的知识在探索中逐步地建构起来。

5. 注意把学生对事物一时的好奇变为持久稳定的兴趣。

学生对周围世界是有着无限的好奇心的，总是在渴望知道许许多多的东西，可惜他们的兴趣往往又不能较稳定地集中于某一些事物上。今天喜欢这个，明天喜欢那个，觉得这个好玩，觉得那个也有意思，常常是一种兴趣迅速被另一种兴趣所代替，这就形成了青少年时期兴趣多变、喜新厌旧的特点。因此，老师在教育学生时，一方面要诱发他的好奇心，另一方面还要使他把这种一时的好奇变为特久、稳定的兴趣，引导他们不断地探研下去。

但是，教师要把学生稚朴的好奇心系统地培养为科学的好奇心，教师本身就必须具有强烈的好奇心。教师要保持强烈的好奇心态，就应密切关注新理念、新技术、新知识，以求新、求异、求奇的精神状态对待学生的学业，对待自己的事业，才会趋向创新，才有可能创造性地教书育人。

学生们的好奇心也许是滑稽可笑的，或是千变万化、让你捉摸不定的。但可以肯定的是，好奇心能使人心永不变老，并让世界向着未来猛跑。每个人对事物的经验毕竟是有限的，而好奇心和它可能引发的创造力却是无穷的。

对于科学来说，好奇心意味着不断地突破旧知识和发现新领域。

对于充满好奇心与创造性思维的学生来说，好奇心就是让梦想变为现实的引路者！

好奇心就像一条导火索，一旦引燃，不但可以将陈旧的条条框框炸得粉碎，而且还能爆破出一个峰回路转的新局面来！

第二章　优秀教师之学习激励

第三节　将压力变为学习动力

　　上帝造了一群鱼。这些鱼种类多样，大小各异。为了让它们具有生存本领，上帝把它们的身体做成流线型，而且十分光滑，这样游动起来可以大大减少水的阻力。上帝使每种鱼拥有短而有力的鳍，使鱼在大海中自由自在地游动。

　　待上帝把这些鱼放到大海中的时候，忽然想起一个问题，鱼的身体比重大于水，这样，鱼一旦停下来，它就会向海底沉下去，沉到一定深度，就会被水的压力压死。于是，上帝赶紧找到这些鱼，又给它们一个法宝，那就是鱼鳔。鱼鳔是一个可以自己控制的气囊，鱼可以用增大或缩小气囊的办法，来调节沉浮。这样，鱼在海里就轻松多了，有了气囊，它不但可以随意沉浮，还可以停在某地休息。鱼鳔对鱼来讲，实在是太有用了。

　　出乎上帝意料的是，鲨鱼没有前来安装鱼鳔。鲨鱼是个调皮的家伙，它一入海，便消失得无影无踪，上帝费了好大的劲儿也没有找到它。上帝想，这也许是天意吧。既然找不到鲨鱼，那么只好由它去吧。这对鲨鱼来讲实在太不公平了，它会由于缺少鳔而很快沦为海洋中的弱者，最后被淘汰。为此，上帝感到很悲伤。

　　亿万年之后，上帝想到他放到海中的那群鱼来，他忽然想看看鱼们现在到底如何？他尤其想知道，没有鱼鳔的鲨鱼如今到底怎么样了，是否已经被别的鱼吃光了。

　　当上帝将海里的鱼家族都找来的时候，他已经分不清哪些是当初的大鱼小鱼，白鱼黑鱼了。因为，经过亿万年的变化，所有的鱼都变了模样，连当初的影子都找不到了。面对千姿百态，大大小小的鱼，上帝问："谁是当初的鲨鱼？"这时，一群威猛强壮，神气飞扬的鱼游上前来，它们就是海中的霸王——鲨鱼。上帝十分惊讶，心想，这怎么可能呢？当初，只有鲨鱼没有鱼鳔，它要比别的鱼多承担多少压力和风险啊，可现在看来，鲨鱼无疑是鱼类中的佼佼者。这到底是怎么回事呢？

鲨鱼说："我们没有鱼鳔，就无时无刻不面对压力，因为没有鱼鳔，我们就一刻也不能停止游动，否则我们就会沉入海底，死无葬身之地。所以，亿万年来，我们从未停止过游动，没有停止过抗争，这就是我们的生存方式。"

压力，成了我们生活中频频出现的一个关键词。而没有压力，追求稳定和安逸，成了许多人乐此不疲的追求方向。那么，没有了压力，就一定能过得更快乐、更舒服吗？错了！没有压力，何来的动力？正是因为压力，人才会产生一种责任感、一种上进心，还有不断前进的力。

倘若毫无压力，人就会缺少紧迫感，结果往往很难有所成就。

从某种意义上说，压力是人成功的源泉。缺少压力的环境容易让学生安于现状，不肯加速赛跑。

学生在学习的过程中，经常会面临惰性和理性的交战。此时，如果心中有足够的压力感，惰性就会战胜理性，消极就会取代积极。

有一个孩子，从小就是出了名的聪明又难管。从中学到大学，他总是喜欢独自一人鼓捣一些别人看不懂的事情。读到大三，感觉学校的学习生活也没有什么新鲜的，就进了中关村。在别人的眼中，他简直就是不务正业的代名词。他在"村里"一个小公司装机攒机，忙里偷闲还玩一些西文软件汉化，甚至尝试写一个用来算命的小软件，完全不像别的同学那样考虑未来，考研还是出国。可就在这个时候，这个自由散漫，爱瞎鼓捣的年轻人被北大方正集团的一位电脑行家看中了。这位老师从方正的一个用户那儿听说了他的事迹和经历，便特地找到他，对他说："小伙子，我听说你帮了我们一个用户的忙，解决了兼容的问题。现在又有一家报社的电脑遇到了同样的问题，你能不能再帮忙解一下？"

"我试试看。"他说。

报社的问题解决了，老师赞许地点点头："小伙子，我知道你上了'街'（指在中关村大街做事），收入很丰厚，不好意思叫你过来，但你可以考虑来做客户研究员，你的意见呢？"

他一听，不免一惊，因为他明白方正主要看重的是数学系的专业人员，其次是计算机系，无线电系直接进入方正开发部的人则很少。再说老师话里边也说了，他上过街，而人家对上过街的人心里是有看法的。

不过他不想错过这个机会，便说："我试试吧，钱以后我再慢慢赚。"

老师笑了："你来到我们这儿，我有几项任务给你，如果你能完成几个国家级的项目后，我可以破格推荐你读我的博士生。"

他一听，来劲了："什么任务？您说。"

老师顿了顿："这个任务说得简单点，就是为方正软件解决兼容性的问题。"

"兼容性？"

"对，你不是帮我们的用户解决过这方面的问题吗？"

"可是……"，他头一次有些为难，"我没摸过 Windows，对 C 语言也不是特别熟。前两次帮别人解决那些问题都是凭我那点小聪明，采取比较原始的汇编一点点改的，况且源代码……"

老师看出了他的难处，"我知道了，你是说没有源代码？不错，我们方正对源代码控制很严，所以不能给你源代码。你的任务就是在没有源代码的情况下，先反编译方正的软件，然后再为方正软件解决兼容性的问题。时间嘛，给你三个月的时间，你看如何？"

他有些挠头，沉思了几分钟，然后一拍脑袋："行，我试试看！"

没想到老师说："你接受任务的口气能不能坚决些？别老用试试看来回答我，你给我立个军令状！"

被老师这么一激，他性子来了，心想：光脚的，不怕穿鞋的，大不了又能怎么样？只要用心去搞，就没有办不好的事。

"好。我向您保证，三个月后交卷，保您满意！"

老师这才笑了，"这才像个样子，小伙子，好好干，我知道你是好样的！"

军令状一下，他便正式进了老师的研究所。

他还是首次感到肩上有这么大的压力，他要集中精力在安静的环境中，尽快化解这些压力。

于是，在老师的安排下，他一个人拥有了一间不是很大却很幽静的办公室。

他开始闭门谢客，"躲进小楼成一统"了。他专心编写着自己的程序，寻找着解决问题的最佳方案。

有一天，老师特地去他的"小楼"看他，还没进门，就听到里边传来"嚓嚓"的声音，推门一看，他正把几张稿纸撕个粉碎，一边撕一边说："不行，错了，重来！"

老师在门口站了几分钟，他也没发觉，于是老师又悄悄退了出来。

而另一次，老师则看到他一个人在屋里欣喜若狂："对了！对了！这个程序编对了！"

老师就这样默默地注视着他，感觉他有点像当年的陈景润，完全靠自己的运算证明。陈景润只管攀登，一张又一张运算的稿纸像漫天大雪似的飞舞；而这个小伙子只管编程，各种设计的稿纸也铺满了一地。

他的天赋在这里得到了极大的发挥，他的脑细胞在那不寻常的两个多月时间里格外活跃。

两个多月后，他出了小屋找到老师。

"老师，我来交卷了！"

老师看着"卷子"暗暗高兴，这个小伙子果然写出了汉化的Windows 1.0。

但老师按捺住内心的欣喜："嗯，答得不错。不过，这个版本只是最低级的，我们还需要一个更高级、更实用的版本，你看?"

他一愣，以为自己的心血白费了。

老师对他意味深长地说："怎么，有压力？干不下去?"

"没问题！压力就是动力嘛！"他答。这以后，他又一鼓作气，连做了几个汉化Windows版本。其付出的艰辛可想而知。

1989年6月，他独立研制出国内第一个实用化Window 3.0，成为北大方正当年七大成果之一。

老师这才满意地点点头："不错，小伙子，我没看错人。现在你回到

公司继续工作吧。"

在工作时,他发现 Windows 程序还存在一个需要解决的外挂问题,因为外挂直接在西文 Windows 上改,版权上有问题,工作量很大,又不能改得很完整,只能够凑合用。

老师问他:"你觉得这个问题能说明什么?"

他沉思了一阵,突然一个灵感涌上心头:"老师,能不能用外挂的方法解决 Windows 处理中文的问题呢?"

老师反问:"你说呢?"

他刚想说:"我试试,"一看到老师那命令式的目光便改口:"我来研究一下,争取给你一个满意的答案。"

他用了一个多星期的业余时间攻关,又把外挂的方法验证了。完成了全球第一 Windows 外挂系统。以前写了一万行的程序,现在用外挂方式,一千行全都解决了。后来,这个程序越写越少,而且原来英文 Windows 的所有都能用了,所有的打印机和显示器都支持。

老师为他的成功而兴奋:"小伙子,你不简单,前途无量啊!"

1991 年 6 月,在老师的安排下,他带着他开发出来的中文平台参加了首届全国 Windows 研讨会,他给它起名 BDWin。正是这个 BDWin 把所有参加会议的人都震动了,就连 CCDOS 发明人,这次会议的策划人严援朝也大为赞赏,甚至把自己开发的一个中文视窗放到一边,对他说:"我的东西不推了,推你的,我的东西不行。"福州会议满载而归,老师说:"这个产品销量很好,不过加密卡不够用……"他一听,二话不说,又马不停蹄将 BDWin 连加密卡做了几百套,两个月时间全卖出去了。

1991 年的年终,BDWin 又被评为北大方正的七大成果之一。

后来,他离开了方正,开始了他的创业之旅,最终他成功了。他就是一手创办了三大门户网站之一——新浪网的首任 CEO——王志东,3 年不断地给他施加压力并激发了他无限创意的老师的名字叫王选。

因为没有压力,在进入方正之前的日子里,王志东是如此散漫、如此地荒废着他流水的青春岁月;因为缺少足够的压力,他才会显得"不务正业",而又因为压力,他奋战,他拼搏,他在压力的激励下不断向前,直到成功。

所谓成也压力，败也压力，指的是没有压力就没有动力，人只在压力才能激发潜能，做出一番连自己都想不到的成绩来。当王志东在学校里由着自己的性子与老师过不去时，当他顺利通过考试进入大学学习时，这一路来他都未曾体会过压力，也因此，他的生活在别人眼里显得如此放荡不羁，甚至被扣上"不务正业"的帽子。当在这一长段时期内，他确实没有做出什么福荫众人的业绩。

当他来到方正后，当王选的慧眼为他推开了另一道门后，巨大的压力激发了王志东那深藏的巨大潜能。

几多付出几多辛劳，当初只是"试试看"到最后成为现实，他为方正解了一系列难题，也把自己推到世界的前台。一名研究压力与人类身心影响的加拿大医学教授塞勒博士曾说过："压力是人生的香料。"

王志东的人生，就是这句俗语最好的注脚。

有一个广为流传的小故事，说的是在非洲大草原上，每天早晨，羚羊睁开眼睛所想的第一件事就是："我必须比跑得最快的狮子跑得还快。否则，就会被狮子吃掉。"而就在同一时刻，狮子从睡梦中醒来。首先闪现在脑海的第一个念头是："我必须比跑得最慢的羚羊跑得快。要不然，我就会死。"于是，几乎是同时，羚羊和狮子一跃而起，迎着朝阳跑去。故事的寓意很多，其中一点就是：适度的压力是生命所必需的。由于生存的压力，使羚羊成了奔跑"健将"，狮子成了草原"猎手"。没有压力，就没有动力，没有动力就不能挖掘出潜力。

对学生来说，他们的生活和学习中最不可或缺的就是压力。

行为医学研究发现，追求成就感和事业成功是人类行为极其重要的动机，当有可能学生们真的生活在没有任何压力的真空状态之中时，他们便不会再有努力追求事业和幸福的决心和行动！

但是，如果我们给学生们施加的压力太大，超出了他们所能承受的能力范围时，又不及时排解和调适，就很容易发生身心疾病，从一个极端走入另一个极端。

压力可简单分为无压力、适度压力和过度压力。

曾经有教育研究者做过这么一个对比实验：从某中学的一个毕业班内抽出学生 N 人，平均分成甲、乙、丙三个组，各组学习成绩基本相同。三个组将在不同地点同时参加相同试题的考试。

考试前两天，老师分别向各组宣布了本次考试成绩的处理办法：甲组的这次考试成绩将计作平时成绩，这对于学生们来说，基本上可以说是无压力；乙组的这次考试成绩将计作期末成绩内，也即是给予了学生们适度的压力；丙组的这次考试成绩计作毕业成绩，若不及格，不能补考，拿不到毕业证书，这压力，可真是不小，甚至可以说是老师给予了学生一个过度的压力。

最后，学生内部的反应和考试结果如下：在无压力的情况下，甲组没有进行积极的复习，成绩中等偏下；而过度的压力使丙组出现两极分化，少部分学生把压力转化为动力，取得了好成绩。但大部分学生受到了消极影响，成绩偏下，行为向反方向发展；适度压力使乙组学生考前行为稍微紧张，注意力集中，取得了较好的成绩。

这说明，在对学生提出要求、布置作业或批评教育时，掌握"适度"非常重要。另外，对学生的期望会成为影响他们的心理压力，如果期望值太高，超过了学生的实际能力，就变成过度压力，结果只能使他们更多地体验到失败的感觉，长期下去，学生会逐渐失去信心，最后自暴自弃。压力是引起个体紧张的刺激，它可能造成学生的行为向正向或反向发展。这就需要老师掌握好一个度。

给予学生压力也是一门艺术。

压力要适当给一些，太大不可取，但学生也不能在一种真空状态下成长，这样容易导致"过犹不及"，要正合适，合适的压力能助学生在轻松又紧张的环境下学习。

这就跟打石油一样，压力过小，不出油；过大，就井喷了；正合适的时候，油才能正常地出来。

在给予学生压力时，我们应当努力做到：

一是施加的压力要适当，并对学生强调这种压力能为他们所能带来的好处。

二是鼓励。在学生面对压力、缺乏信心时，根据他自身的情况，从优点入手，进行鼓励，对他说："我相信，你会成功的。"

三是安慰。当学生面临失败，情绪消沉时，安慰他，帮助他对自己的成绩进行客观的评价和肯定。

四是引导。引导学生用崇高的目标取代暂时不能克服目前的压力的愿望，帮助他们减轻痛苦，从而有效地维护心理健康。

总而言之，在对学生进行压力教育时，要从实际出发，运用符合心理健康原则的方法因人施教。不要过度增加学生的心理负担，对遭受了挫折的学生要及时地给予关心和爱护，使他们身心健康，茁壮地成长。

如果没有适度的压力，整天"吃喝享乐、得过且过"，其必然会成为"生于忧患，死于安乐"的应验者。

如果没有适度的压力，只满足于眼前的现状，就必然没有足够的动力，更没有向前奋进的欲望。

只有让学生多去承受一些压力，才能让稚气离他而去，而他，也会在压力的磨炼下，越来越坚强！

第四节　鼓励学生努力学习

你见过沙漠吗？

"举目望去，无际的黄沙上有寂寞的大风呜哮着吹过，天，是高的，地是沉厚雄壮而安静的。正是黄昏，落日将沙漠染成鲜血的红色，凄艳恐怖……"这是三毛对世界上最大的沙漠——撒哈拉沙漠的一段描述。

沙漠是善变的。在白天，它的温度可高达60度开外，它能将很多生物活活地晒成干尸；可一到夜晚，气温却直线下降到零下40度；随随便便的一阵风袭过，沙丘就能以几十公里的速度奔跑。只需在一瞬间，沙漠就会彻底地改变原貌。

在这个酷热而奇特的变化中生存的所有生物，在无可逃避的寒霜酷暑、风来雨去的大自然的剧烈考验中，只有努力，才能获得生存的权利，除此之外，别无生路。

是存，还是亡？是抗争，还是放弃？是征服，还是被征服？生命之于沙漠，向来只有这两种选择，这是大自然亘古不变的生存法则。

不仅动植物之于沙漠如此，任何人之于命运，也必须以不断的斗争才能傲立于命运跟前。

命运也是善变的，生老病死之于我们这些凡夫俗子来说，也是不可预料到的。

努力是对抗命运的武器，是走过人生沼泽地的导航图。

对教师来说，努力不单是口头上的说教，还应是身体力行地示范，是面对挫折和困难的一种无畏态度，只有这样，学生们才能深刻地认识到成功的根本诀窍。

1998年春节，"金氏相图测定法"的创立者、已经在材料研究领域取得一系列标志性成果的金展鹏，应邀去作一个学术报告，刚走出家门，便觉得步履沉重。

学生们赶紧将他送去医院，经医院全力抢救脱险，却从此瘫痪在床，全身上下只有脖子能够动弹。

虽然从死神手里逃过一劫，生活却变得完全不能自理。但头脑依然清醒、思维依然敏捷的金展鹏对学生说，他还要进行相图研究，"总不能躺着等死吧"。

学生们纷纷劝老师，养病要紧，再说年事已高，不必忙着进行研究了。但金展鹏说："疾病伤害的只是我的身体，我的思想依然在活动，我必须抓紧时间再干点儿活。"

于是，他就在病房里，坐在轮椅上为几个学生批改毕业论文。虽然身体颈部以下都不能动弹，但他从来都是尽量不麻烦学生。他把学生们请到病房，让他们把文章一段段念给他听，论文一页页翻给他看。

众所周知，硕士和博士的论文都是相当繁琐的，对大多数学生来说，都是第一次写这么长的文章，不仅长度长，而且文章的性质也与自己已有的经验完全不同，它要求有学术性和一定的创新性。

另外，从选题、开题，再到定稿，往往要多番查找资料，为了校核一个数据还需要奔波在几个图书馆之间才能得到翔实的答案。学生中一个叫林梅的女生一篇论文修改多次，依然不能通过，令她沮丧万分，渐渐的信心越来越弱，甚至萌生了放弃的念头。

这一切金展鹏看在眼里，记在心上。

这天，他让林梅把轮椅推到窗户前，透过玻璃可以看到窗外的鲜花开得正艳，青青草地上小草绿油油地惹人喜爱。林梅啊，你看到那石头下的小草，是费了多大劲才钻出来的啊！"

林梅循着老师的目光望去，是啊，窗外那块大石头下，不知什么时候冒出了一棵小草，虽然有些歪，但挡不住那抹绿色。

其实啊，人这一辈子就是在重重压力下走过来的，可怕的不是压力，而是面对压力一定要自强，这样命运才会把握在自己手里。你想，如果你们的论文手到擒来，不费吹灰之力，这硕士论文和小学生作文还有区别吗？就是因为它有一定的难度，所以才需要付出更多的精力才能写好。你的论文整体结构没有问题，就是最关键的议论部分需要再润色一下，而这并不是很难的问题，你只要再查一些相关资料就快完了，这个关键时刻可不要打退堂鼓啊。当这位60多岁的重病中的老人不急不徐地说出这番话的时候，林梅惭愧万分。

金教授出院后，有一天，林梅去请教一个问题，一进金老师的家，她愣住了：只见金老师躺在床上，一个特制的木架卡在床上离头10公分左右，一本书放在架子上，而金老师正在专心致志地"看"着那本书。

见有人来了，金教授很高兴："林梅啊，你来得正好，我刚看完这一页，你帮我翻到下一页好吗？"

林梅快步上前，看到这本"书"原来是一位学生写的论文。她把书翻过一页，放好，然后对金教授说："金老师，您这是何苦呢？这样多累啊，我扶您坐起来，读给您听吧！"

我没法翻书，老叫别人也不方便，我爱人就想出了这个办法。还别说，这样看书也很方便啊。"

林梅的眼睛湿润了。要知道，研究生的论文，通常都是100页以上，少的也有80页，这么多论文金老师不仅通篇审读，根据她的经验，金老师甚至会连每个使用不当的标点都给他们指出来。

从此以后，她对自己的论文越发用功，为了让恩师审阅的时候不犯难，为了搞明一个数据的具体用法，她跑遍了省里的各个图书馆，直到找到原文才作罢。

后来，她发现了一个相关材料，可以为论文作补充，就随手在桌上捡了两张废纸打印出来，请金老师过目。

几天过去，金老师突然问她有没有注意废纸背面的东西。原来，废纸背面是半篇科技资料。金展鹏告诉她里面有很重要的信息，建议她能否沿着那个方向做下去。林梅采纳了老师的建议。

现在这项课题《氧化物的相图计算》已取得很大进展。由于成绩突出，林梅被法国一所大学邀去做博士后。直到今天，林梅回忆起这件事，仍然非常感动："一个四肢都不能动的老人，怎么能够看到小木架子上废纸背面的资料啊？没有对学生、对科学强烈的责任心，怎会有一双'透视'的眼睛？"

金展鹏教授在病魔如此肆虐横行的 7 年里，一刻都没有停止过教学，一刻都没有放弃对科学的探索和追求。而更令学生们折服的是，在这 7 年时间里，他依然高质量地培养了 20 多位硕士、博士研究生，还承担了 1 项国家 863 课题、3 项国家自然科学基金课题以及与美国通用电气公司的国际合作课题。

学生们从金老师的身上，读懂了"学无止境，自强不息"的含义，也深明了"学无止境，自强不息"于自己在人生路上的分量。

在死神的威胁下，金院士没有退缩，始终坚持科学研究、精心培养学生。

身处逆境，仍奋发向上、永不妥协，金教授用实际行动为他的学生们上了最生动的一课：什么是坚强乐观！什么叫严谨治学！

他那奋斗不息的生命力量给了学生们最深刻的激励：怎样去做一个大写的"人"，一个大写的学者！

一个真正的老师，不仅教给学生知识，还要教给学生治学的精神，教给学生如何思考和做学术的严谨态度，而学生也能从老师那身体力行的举止中得到启发，受到教育。

我们可以想象，当学生面对这样一位全身瘫痪只有脖子以上部位能活动的老师，听着他"传道、授业、解惑"，学生会受到一种什么样的震撼！

在正常人眼中太平常不过的小事在金教授那里却困难无比，一切都要依靠别人帮助。换了一般人，早就痛不欲生，更不用说在病床上钻研知识了。而现在，他们眼前的这位老师一边忍受着病痛的折磨，一边为他们讲解知识，修改论文，讨论课题。

这一举一动如同春风化雨般渗透到学生心中：一个花甲老人、一个全身瘫痪的病人尚能坚持教学，坚持探索知识殿堂那无尽的奥秘，我们正常人还有什么做不到的呢？

身处逆境，一味地怨天尤人、自暴自弃是最不可取的。金展鹏院士在逆境中不忘事业，不忘探索，不忘以身作则地激励、坚持，为学生们上了最生动的一课！

激励学生学无止境、努力学习的方法，一般来说，不外乎有以下几条。

1. 激发学习斗志

斗志是一种积极的情绪，也是一种有待开发的潜能，一旦引爆，就表现为强劲的力量。邱吉尔在他生命中的最后一次演讲是在一所大学的毕业典礼上，在本来预计整个 20 分钟的演讲过程中，他只讲了一句话，而且这句话的内容还是重复的，那就是："永不放弃……决不……决不……决不！"当时台下的学生们都被他这句简单而有力的话深深地震撼住了，在二战最惨烈的时候，如果不是凭借着这样一种精神去激励英国人民奋勇抗敌，大不列颠可能早已变成纳粹铁蹄下的一片焦土。邱吉尔对英国青年学生这番讲话，应该引起我们教育工作者的思考。这就要求我们教育工作者要适时、适量地引爆学生的学习斗志。

一位学生期中考试考了班里倒数第一，班主任找他谈话，要求他写出三句最能感动自己的话，这位同学写出了这样三句："我不是懒汉，我不是孬种，我要成功！"每天早上对着卧室墙壁大声呐喊。他说："每当我呐喊时，我就想到了自己倒数第一时的痛苦，我就会热血沸腾，全身有用不完的劲！"在这种情绪状态下，他的潜能爆发出来了，期末成绩上升到班里前十名。家长在大年三十打电话给孩子的班主任，他说："我很感激你，你给了我孩子的斗志，也给了我的斗志！你知道么，当孩子对着墙壁呐喊的时候，连我全身都有用不完的干劲！"所以，处于亚学习状态的学生，不妨写几句激动人心的话，每天厉声朗读，把将自己带进良好的学习情境中。

2. 协助学生树立一个学习的目标或远大的理想，并经常性地提及它。学生在远大目标的号召下，自然会产生一种奋发向前的欲望，从而达到学无止境的教育效果。

3. 培育学生坚毅的品质

对学生来说，如果对待学习生活，对待技能爱好，乃至对待职业选择，处处都能秉着坚毅、不屈的态度和精神，那么，即使他身处困境或逆境，他也能依靠这个信念走出来，而不是沉沦下去，在黑暗中黯然神伤。

4. 学会学习反思

学习反思是学习系统中最为重要的策略。学习的好不好，方法对不对，怎么提高效率常常是通过反思来实现的。因此，会不会学习，就表现为会不会反思。现代学习理论中，学习反思占相当重要的地位。学生费尽心力学了，成绩不好，主要是因为不会及时反思，从而不能实现学习调整。可以这样说，学习反思伴随着整个学习过程，它既是学习内容，也是学习策略。会学习的同学大家认为他们学得十分轻松，原因就是他们会通过计划反思来加快学习进程，提高学习质量。

现代学习心理学表明：及时反思是一种学习力，也是很重要的一个学习策略。学习讲究高效快捷，及时反思是学生提高学习力的关键。这就要求学生不仅仅要有快速进入学习状态、敏捷的进行学习的学习力，同时，在学习过程中能快速讨论、快速阅读、快速反思。如果不能快速自主反思，持续一段时间才发现自己已经十分落后，那么想追赶同学已经有相当多的来不及。事实上，具备了及时快速的计划反思心理意识，才能实现学习频率上的"学习、学习、再学习"。面对众多学科，大量的讲义、笔记、作业，如果没有快速高效的解决问题和处理作业的能力，没有快速高效的反思意识，怎么可以呢？因此，按计划进行学习过程、学习效率和质量的反思，既能加快学习进程，又能提高学习质量。

第五节　提醒学生永不骄傲

人要向前看，不管过去多么悲伤失意，过去的总归过去，只有向前看，才会有希望。向前看是对那些失意的人最好的补偿，他们总会在未来找到希望。向前看，你就会看到一粒沙子的力量，一滴水里的世界。阳光下的羽毛发出洁白的光芒，煽动着羽翼，它告诉我，它不会被风撕破。人生如浩瀚的大海，时而风平浪静，一碧万顷；时而狂飙怒号，浊浪裂岸。

三国时，关羽单刀赴会、水淹七军、威震东吴、攻占襄阳、捉住了曹操的猛将庞德。一时间，关羽的美名威震华夏，曹操吓得准备迁都。

这样一来，关羽更加得意，自以为天下无敌了！结果骄傲轻敌，看不起东吴的新将陆逊，败走麦城，一代名将最终却落了个身首异处的悲惨下场。

莎翁说过："一个骄傲的人，总是在骄傲中毁了自己。"

1998 年夏天的世界杯，卫冕冠军巴西队糊里糊涂败在法国队脚下，将王冠拱手让出。这个结果让全世界的球迷为之瞠目结舌：我们心中的巴西，这个足球王国，居然败给了法国？

而 2002 年夏天的世界杯，卫冕冠军法国队一球没进便被打回了老家，卫冕梦化成泪水。那个夏天，法国队从顶峰滑落。

两次世界杯，两个冠军的噩梦，留下了几多感慨。

除却战术、球员技术、赛场等原因，骄傲轻敌是他们失败的共同原因之一。

正如作家老舍所说："骄傲自满是我们的一座可怕的陷阱；而且，这个陷阱是我们自己亲手挖掘的。"

对学生而言，成功的路上，除了那遍地的荆棘，最难对付的就是自己心中的那个敌人——骄傲。

骄傲，如同一个伺机作乱的小丑，时不时跳出来，扰乱学生的视线，放慢学生的行程！

骄傲，让学生在自鸣得意中失去了前进的机会，让学生在目空一切中失去了整个世界！

我们要做的，就是当学生心中开始闪现出骄傲这个火花时，就给他们一瓢"凉水"，让这个火花自然覆灭，而不是任其借势壮大！

沃尔特·克朗凯特是美国著名的电视新闻节目主持人，是20世纪60年代美国电视界最有威望的发言人，是享有世界声望的第一名嘴，被誉为"电视主持人之父"。

他从孩提时代就开始对新闻感兴趣。6岁那年，他跑下小山丘，向堪萨斯城的居民们"发布"了当时总统的死讯；11岁时，他开始沿街叫卖当地的报纸；在他14岁的时候，成为学校自办报纸《校园新闻》的小记者。

由于他的出色表现，学校的校报授予他"最佳小记者"的称号，并把他的相片挂在教学楼的宣传栏里。而在这之前，校史上只有一位学生曾获得过这个奖励。

在众人眼里，这是一个天资聪慧的孩子，这是一颗冉冉升起的新星。

在荣誉的光环下，小克朗凯特开始有些飘飘然，觉得自己真是了不起，能做到别人做不来的事。当时，休斯敦市一家日报社的新闻编辑弗雷德·伯尼先生，每周都会到克朗凯特所在的学校讲授一个小时的新闻课程，并指导《校园新闻》报的编辑工作。

有一次，克朗凯特负责采写一篇关于学校田径教练卡普·哈丁的文章。这种报道克朗凯特做得多了，根本没放心上。再说他和教练很熟，这位教练还指导过他练习标枪呢。

于是，他找到教练，很随意地聊了几句，就凭自己的印象写了篇文章交了上去，洋洋洒洒，自认为写得不错，肯定会受到表扬的。

没想到，第二天报纸出来了，他居然没有看到自己的文章！

上帝，这是怎么回事？克朗凯特百思不得其解，正在这时，有人告诉他，弗雷德·伯尼先生请他到办公室一趟，有事和他商量。

来到办公室，克朗凯特一眼就看到桌子上有几页纸，再仔细一瞧：正是自己昨天交到校报编辑部的那篇文章。奇怪，我的文章被他扣下了？

想到这儿，他不由得脱口而出："弗雷德先生，你为什么要扣我的文章！"

"哦，你来得正好，我一直在等你呢。"弗雷德扶了扶眼镜，扫了他一眼，指着桌子上的那篇文章说："克朗凯特，这篇文章很糟糕，你没有问他该问的问题，也没有对他做全面的报道，你甚至没有搞清楚他是干什么的。"

"你怎么能这么说，弗雷德先生，我的文章一向都是放在头版的，所有的人都夸我写得好！"克朗凯特很不服气地说道。

"那好，我来问你，你说这位先生训练方法非常独特，独特在何处？你的文章里怎么一字未提？"

"呃，这个……，"克朗凯特被问住了，好像自己确实没提，"我觉得这个不重要，所以一笔带过了……"他敷衍道。

"哦，是吗？那么接下来你又说这位先生在教篮球方面很有一套，还举了不少例子。可是你一开始就说过这位教练是田径教练啊，你到底想说什么呢？"

克朗凯特有些发窘，他挠了挠了头，不知该说什么。上帝才知道他是怎么写的，大概把卡普先生以前和自己说的玩笑话也放进去了。

弗雷德先生见他不说话，便幽了一默："记者先生，现在轮到你提问了，我做好准备了！"

克朗凯特低了低头："我向您道歉，弗雷德老师。"

"没关系，孩子，想当年我也和你一样，刚写了几篇文章就觉得自己了不起，开始漫不经心起来。但是，孩子，有一点你要明白，你现在所做的事和你过去的成绩完全没有关系。一切都要靠事实说话，而不是你的成绩，你明白吗？"

克朗特看着弗雷德先生的眼睛重重点了点头，这时，弗雷德先生又说了一句令他终生难忘的话："克朗凯特，你要记住一点，不要因为有了一点小成绩就骄傲起来，当你要做某一件事时你必须抱着谦逊的态度去把它做好。一个人的事业是没有尽头的！要知道，新闻每天都是新的！"

在此后 70 多年的新闻职业生涯中，克朗凯特始终牢记着弗雷德先生的训导，对新闻事业忠贞不渝，从炮火连天的二战战场，到报道纽伦堡大审判；从战后出任驻莫斯科首席记者，到主持哥伦比亚广播公司"晚间新闻"节目，克朗凯特取得了非凡的业绩，一举成为全美最受公众信任的新闻记者、主持人。

1968 年，时任美国总统约翰逊评价他说："如果我失去了沃尔特·克朗凯特，我就失去了这个国家的民众。"

1981 年，65 岁的克朗凯特宣告退休，他精彩的告别演说不仅博得一片喝彩，更赚足了人们依依惜别的眼泪，而在告别演说中，克朗凯特有一句话感人至深："在过去的几十年里，我只是取得了一点小小的进步，而我们的事业是没有尽头的，我希望我的朋友们继续努力，继续为了我们公平、公正和自由的新闻事业而奋斗！"

"最佳小记者"，听起来很诱人，看上去很可爱，但克朗凯特或许忘了：这只是学校给他的一个小小的荣誉。

但荣誉只代表过去，并不代表将来，并不能成为他就此满足的借口，更不能成为他放松对自己要求的理由。

与真正的记者相比，克朗凯特肯定有着不小的差距，而这差距不能用已有的荣誉来弥补，只能靠他自己的不断奋斗去缩小。

正可谓，人生大病，只是一个"傲"字，而人生大幸，则在于一个"谦"字。

在逆境中，人们容易激发斗志，而一旦取得了一点成绩时，人的心便容易变得浮躁起来。

克朗凯特小小年纪就获得了学校的"最佳小记者"称号，无论是在别人眼里还是在他自己看来，这都是一项了不起的荣誉，都能说明克朗凯特的能力确实有过人之处。

而克朗凯特在成绩面前有些昏了头，自以为自己的水平真的达到了一种很高的程度，一时大意，导致对待采访工作不认真，结果他这个"最佳小记者"的文章居然失去了上报的机会！

这也是很多学生的通病。

弗雷德先生的话让克朗凯特猛醒：也许你以前写过好文章，但是现在因为你的大意，你的轻视，你这次的文章很蹩脚！

一句话惊醒梦中人，在弗雷德先生的激励下，克朗凯特从此不再拿过去的成绩说事，不敢再掉以轻心，这才有了一位让世人为之瞩目的"电视主持人之父"。

很多时候，在成绩面前，学生就像一个皮球一样，别人拍不得，轻轻一拍，就跳得老高，不知天高地厚。

一个学生，面对取得的成绩，如果沾沾自喜，整天沉浸在胜利的喜悦中，在成绩册上睡大觉，就会堵塞自己获取知识的源泉。

而正处于青春年代的学生，往往是最容易被一时的成绩所迷惑的。毕竟他们的人生之路刚刚开始，还很少体会过取得成绩的喜悦，领略过"居高位"时的风度。也因此，在成绩面前，如果没有教师的合理引导，学生们极容易被一时的风光所诱惑，极有可能掉在自己挖开的陷阱中爬不出来。也因此，面对滋生了骄傲情绪的学生，教师应给予及时引导，教育学生正确对待成绩，将取得的成绩化为动力继续前进，而不是躺在成绩册上睡大觉。

具体而言，教师应做到以下几点：

1. 当学生取得了一些成绩时，教师可以对其进行肯定，但注意不要过度地拔高这些成绩，除非你面对的是一个极度没有信心的家伙。

2. 教导学生以平常心看待成绩。

面对成绩，教师要摆事实、讲道理，引导学生们保持冷静。告诉学生：大千世界，取得一点成绩并不难，难的是继续取得更好的成绩。

伊索寓言中，有一则寓言叫"骄傲的蚊子"，说的是有一只蚊子向狮子挑衅，它紧紧地盘旋在狮子脸部周围，找着鼻孔附近没有长毛的地方一口叮下去，而狮子只能用爪子不断抓自己的脸，对蚊子毫无招架之力，只好告饶投降了！

蚊子看到狮子投降，满脸得意高唱胜利歌声飞走。可是，一不小心掉进蜘蛛的网里，白白成了蜘蛛的一顿美餐。

蚊子不过是凭一点"雕虫小技"赢了狮子，却自鸣得意起来，还以为自己是"打败天下无敌手"了，这和我们一些学生有了一点成绩就开始"翘尾巴"何其相似？

就如同居里夫人所说，荣誉只能当玩具"玩玩"，如果学生当成一件弥足珍贵的东西，整天捧在手里放在心上，还有心思做别的事吗？

3. 鼓励学生加倍努力，再接再厉。

教师可以找出一个经典的事例来说服学生，告诉学生：古往今来，那些真正的成功者都是因为他们不断向前才能继续做出了更多、更好的成绩的。

如爱迪生年轻时，发明了许许多多的东西，包括我们现在每家每户都用的电灯，都出自他的手中。然而，晚年时的爱迪生，却渐渐骄傲了。他对助手说："不要向我提什么建议，再高明建议也超越不了我的思维。"终于，爱迪生在晚年再也没有发明出什么东西。连爱迪生这样的天才都因迷恋于过去的成绩而堕落了，骄傲的危害由此可见一斑。

4. 引导学生看到更高处的人，更成功的事。

在那些更了不起的作为面前，学生们自然就会有一种无形的压力，只有此时，他们才会感觉到自身的渺小和不足。

过去的成绩不过是学生们曾经留下的一个足迹，也许他们心中会对它念念不忘，但在别人眼里，那不过是微不足道的一个脚印，无名亦无姓，普普通通，平平常常，注定不会给人太深的印象。

学生们曾经取得的成绩，就像在土地上撒上了无数颗种子。而要想让种子生根、发芽、开花，学生们就必须不断耕耘，辛勤浇水，施肥，才能迎来繁花似锦的那一天！

一个优秀的教师，必须善于让学生们把目光投向未来，去迎接更多的挑战和机遇。唯有如此，学生们才能将取得的成绩化作进一步前进的动力。

只要学生心中的"骄"字不倒，那么他就永远没前进的机会。而教师要做的，就是将这个"骄"字放倒在地，让学生们轻装上阵！

第二章 优秀教师之学习激励

经典案例

苏斌是大连市第四中学初中部的地理老师。一次，上课铃响了，苏老师走进教室。这一天，他要上《亚洲复杂的气候》一课。

与以往相反，苏老师并不急于让学生翻开课本，他饶有兴趣地问："同学们，你们有谁会唱动画片《海尔兄弟》的主题歌？"

地理课上唱歌？学生们都不解，大家都看着苏老师。

苏老师继续笑着说："那么好听的歌曲，咱们班没人会唱吗？"

"苏老师，我们都会唱，不过我们今天上的是地理课呀！"小丽说道。

"会唱就好，那老师起个头，"苏老师卖起关子来，唱道，"打雷要下雨，下雨要打伞……"

学生们一听是他们喜爱的动画片主题曲，都跟着唱起来："打雷要下雨，下雨要打伞；天冷穿棉袄，天热扇扇子……"

一首歌唱完后，学生们都很兴奋，对苏老师接下来如何安排课程产生了兴趣。

苏老师又问道："同学们，你们喜欢什么样的天气？为什么？"

学生们七嘴八舌、各抒己见，好不热闹。

看到这个情景，苏老师很高兴，他认为学生只有积极参与到学习中，才能学到知识。他接着问："你们喜欢在哪个温度带生活呢？"

这回，学生们的答案是一样的，大家都喜欢在温带居住，因为不冷也不热。

当看到学生的兴趣已被调动起来，苏老师就把话题转到大连市的气候，进而又转到亚洲的气候……学生自然而然地进入了新课的学习。

在进入本节课的重点、难点部分时，苏老师这样设计：他把影响气候成因的三个主要因素——纬度位置、海陆位置、地形，设计为三条旅游路线。

第一条旅游路线：雅加达（热带雨林）—广州—北京—雅库茨克（亚寒带针叶林），时间为2月份。

苏老师说:"你们想一想,假如我们循着这条路线旅游,那么我们一路上着装的变化是怎样的呢?为什么?"

学生讨论后回答:"短衣短裤—单衣单裤—毛衣毛裤—皮衣皮裤,因为游玩的路线是由热带到寒带。"

为了让学生加深理解,苏老师用投影展出雅加达气温曲线和雅库茨克气温曲线,指导学生读图,印证学生的感性认识。

然后,苏老师又提出问题:"是什么原因造成这种差异呢?"

学生看图得出结论:"由于纬度变化。"

"怎么变化?"

"由低纬到高纬。"

为了进一步调动学生的兴奋点,苏老师又安排学生给雅加达、雅库茨克设计住房,并说明理由。

学生眼、脑、手、口并用,气氛高涨。过了10分钟,苏老师把学生画的作品收集起来,选取几张有代表性的作品进行展示,让全班学生进行评说,最后达成共识:雅加达的房子应是阁楼,通风散热、防潮,顶是尖的,可以防漏雨;雅库茨克的房子墙很厚,有烟囱,可以防寒保暖,顶也是尖的,防雪压塌屋顶。

苏老师展示当地居民住房的真实图片,印证了学生的设计,并针对当地民居特点提出了一些有趣的问题。学生们的学习热情也得到了进一步发展。

接着开始第二条线的旅行:哈尔滨—乌兰巴托—阿拉木图。苏老师让学生描述各地的自然景观,学生用"山清水秀、草原风光、戈壁荒漠"概括了三个地方的地理情况。

苏老师问:"为什么三个地区差别那么大呢?"

学生们异口同声答道:"因为降水越来越少。"

"什么原因使降水越来越少?"苏老师引导学生去探究。

学生深思后,得出答案是"距海越来越远"。

第三路旅行来到高原气候区。苏老师引导学生思考这里与周围有什么不同?为了更进一步激励学生的兴趣,苏老师问:"藏族人传统主食是

第二章 优秀教师之学习激励

什么?"

简单的问题,学生自然都知道:"糌粑。"

"为什么不做成馒头或烙饼?"

"冷,会冻得很硬。"

"烧什么?"

"牛粪。"

"为什么?"

"气温低没有树,牛粪比草耐烧。"

……

师生之间在一问一答中,不仅调动了课堂气氛,还让学生加深了印象。

三条线的旅游活动进行完后,苏老师引导学生总结归纳分析某个区域气候成因的方法:(1)纬度位置(低纬—高纬)——气温(热—冷);(2)海陆位置(沿海—内陆)——降水(多—少);(3)地形(海拔高)——气温低。

最后,苏老师让学生用学过的知识自己分析热带雨林、热带季风、热带沙漠气候的共同点和不同点,分析当地民族服装的特点及与气候的关系。又以"为什么阿拉伯人有留络腮胡子的习俗?"的题目收尾,让学生兴趣浓厚地进行讨论。

最后,本节课在欢乐的气氛中结束了。

第三章
优秀教师之信心激励

自信心是一种反映个体对自己是否有能力成功地完成某项活动信任程度的心理特性，是一种积极、有效地表达自我价值、自我尊重、自我理解的意识特征和心理状态，也称为信心。自信心具有以下的心理功能：

自信心是心理健康的需要。人都有一种表现自我、获取认同的本能倾向。自信的人更容易被人认可，从而满足自己的心理需要。

自信心是人际交往的需要。现代社会是信息社会，地球村正在形成，人与人之间的交往距离正在缩短，而在日趋频繁的人际交往中，自信心是非常重要的。自信，更容易给人带来良好的人际交往氛围和人际交往效果。自信如此重要，那么在教学实践中，教师应该由其注意对学生进行自信心的培养和激励。

第一节　让每个孩子都抬起头来走路

有一句教育名言这样说：要让每个孩子都抬起头来走路。"抬起头来"意味着对自己、对现在、对未来充满信心。任何一个孩子，当他昂首挺胸、大步前进的时候，他的心里有诸多的潜台词——"我能行"、"我的目标一定能达到"、"我会干得很很好的"、"小小的挫折对我来说不算什么"。每一个孩子，不论他们是差生还是成绩优秀者，淘气包还是守纪律，身体有缺陷还是四肢健全，每一位教师都应悉心呵护孩子的自信，使他们都拥有喜欢自己的心态，不断进步。

我们先来看一位教师讲述的故事：

2003年高一新生报到的第一天，我在班级忙着接待报到的学生，一个个头不高、眉清目秀的男孩在父亲的陪同下来到教室——他就是小潇。报完名后，他便默默地找了个座位坐下来，当时也没太多的注意他，只是觉得他神态不是很自然，看人的眼神有些躲闪，我以为是环境陌生，他一时有些不适应。报完名，学校的电教老师通知学生统一照相（建立档案和做准考证时用），我便对学生说："没有照片的同学就去吧。"这时几位同学站起来往外走，我临时想起有一件事情没宣布，忙对学生说："请大家先回座，我有件事情说完了大家再去。"这时，小潇已走到门口，他刚才就坐第一排。闻言，大家忙回座位坐好，只有小潇站在门边，回头看了一眼，一脚门里，一脚门外，没动。见状，我又对他说："小潇你先回座。"他还是没动，很不自然地回头看我一眼，又马上闪开，别开脸说："站在这里不一样吗？我能听到。"我有些意外，但还是较平和地对他说："大家都坐好了，你这样站着不好，请你先回到座位上去。"学生的目光都看向他，他迟疑了一下，但还是走回座位坐好。当时我心里真有些生气，觉得他不懂礼貌，态度不好，像是故意和老师过不去。但毕竟是开学第一天，对他一点都不了解，所以我就没说什么。要是当时就批评他，开学第一天，他给大家的第一印象肯定会不好，对他以后的交往会造成负面的影响，这对他的发展是不利的，所以，我容忍了他。我没说什么，大家也都没太当回事，事情就这么过去了。

就这样，开学第一天，小潇给我如此深刻的一个印象。我首先记住了他的名字，也开始格外地关注他，揣摩他的性格，作为教师，必须了解学生，才能"对症下药"。渐渐地，我发现小潇确实和其他同学有些不一样，不爱与人交往，经常迟到。他第一次迟到时，我只是提醒了他一句，让他以后按时到校。但之后，他还是迟到，我教育他两次，觉得他并没有真正接受。我总觉得他在我和他之间放了一道看不见的屏障，这种感觉让我觉得无奈，无法形容。因为一个学生不能与你坦诚地真心相对，你的教育是不会收到成效的。我虽然有些茫然。但从没想到放弃，去简单粗暴地批评他。对他有足够的信心。通过和他父母的长谈，果不出我所料，小潇从小性格就比较怪异。同时这个孩子也有些自闭的倾向，有一回家里来客人，他父母陪客人聊到晚上，发现他还没回家，通常这个时候他早就放学回家了，送走了客人，就急忙找人，谁知却听小潇在自己的房间里说："我早就回来了。"原来他见家里有人，就从窗户跳回自己房间。我心里有了底，就把小潇在学校的表现和他父母做了沟通，他们也正为孩子如此的性格而焦急。于是我决定和他们联起手来帮孩子建立正常的心理状态和良好的行为习惯。在小潇父母的配合下，我们三方坐在一起进行了一次面对面的长谈。开始小潇抵触情绪很强，表示他不一定能遵守学校的规章制度，因为有的时候他不敢保证，我反问他："迟到算不算违反纪律？"

"算。"

"高中生应不应该遵守学校的规章制度？"

"应该。"

"那你呢？"

"……"他不语。

我追问："你能否遵守班级的纪律？"

"我不敢保证。"

从他的话语中，我看出，他还是对自己没信心，在为自己留后路，怕自己以后违反纪律时受到惩罚，并且没有集体观念。所以必须让他懂得：人是社会的人，是集体中的一员，人受环境的制约，人必须适应环境才不会被淘汰。同时，学校的规章制度对学生来说是具有强制性的，是全体学生必须遵守的，对任何一个学生都不例外，否则就会受到惩罚。小潇的父母也在一旁劝说，第一次的正式教育以小潇的妥协结束，小潇最终答应遵守学校和班级的纪律。但我知道，他心里还是不能很好的接受，是被迫的，但也是有效果的，最起码他学会了遵守纪律，人是要适应于集体的。要想让他真正认识到纪律的重要性，以及让他学会与他人的交往和沟通还需要时间，需要让他建立起足够的自信，需要老师的耐心，更需要老师的爱心。

慢慢地我发现，小潇很孝顺，我觉得这是他的优点，我坚信他是一个好孩子，只是需要好好地引导。有一次月考，他向我提出不想参加，我问他为什么，他只说他觉得自己没准备好，没复习好，不想参加。我对他说："这没什么，月考又不是高考，没有必要这么紧张的呀。考试只是检测一下你自己在学习中存在的问题，即使你考得不好，老师也不会责怪你。"谁知小潇还是坚持不参加。我觉得事情的原因不止他所说的这些，于是便细致地做他的工作，最后他终于说出了心里真正不考试的原因。原来他怕自己考不好，会使他妈妈很伤心，他妈妈身体本来就不好。因为有一次考试结束，他妈妈心脏病发作，他觉得是他没考好造成的。我劝导了他一会儿，就让他先回到教室，然后，我给他家里打电话，核实情况，并不是因为他没考好引起的。看来，小潇除了怕妈妈身体不好，其实他还是严重缺乏自信，不敢参加考试。实际上他学习一直是很努力的。

第二天，我又找到小潇，耐心地做他的工作，让他相信自己，放下包袱，参加考试，说不定还能取得好的成绩，结果他还是固执地不同意考试，恰好副校长经过，认识小潇，他们以前曾是邻居。我简单介绍了一下情况，副校长便与小潇谈了很久，细心地做他的工作，并告诉他，必须参加考试。回来后，小潇眼泪汪汪的，显然受到很大的触动。我接着做他的工作，他也说出了很多心中的想法，这在以前是不可能的，我心里很高兴，我们基本可以进行良好的沟通了，最后，他同意参加了考试。结果他成绩出人意料的好，借此机会，我在全班同学面前表扬了他，肯定了他的进步，我又找小潇谈心，鼓励他，小潇终于露出了自信的笑容，他也从内心里开始接受我，眼神不再是躲闪的，但我知道，对小潇还是得付出更多的关注。

高一过去了，小潇以优秀的成绩分到了高二新的班级，新教师对他的印象非常好，他现在已能很好地和同学、老师进行交往、沟通，从不迟到。现在，他每次看到我，都会远远地亲热地和我打招呼："刘老师！"脸上的笑容很灿烂。有什么比这个更让一个做老师的感到高兴呢！

"让每个孩子都抬起头走路"，是我们现代教师必须具有的信念准则。无论家庭贫富，家长地位高低，无论成绩好坏和品质优劣，教师的爱都必须触及每一个孩子的精神世界。在孩子心灵的沃土种上自信的庄稼，就可以排挤那些自卑的杂草。

作为教师，如何能让每个孩子都抬起头来走路，对自己、对现在、对未来充满信心呢？

1. 珍视学生的成功

当学生自己动手干一些事，或根据老师的指令完成了力所能及的要求，老师所给予的肯定和鼓励，能产生积极的心理效应。适当的赞美言辞是滋润自信心的雨露。比如说："你能跟同学愉快的相处，老师真高兴。"这会使学生在交往中充满自信心。学生向你提出某种意见，你倾听后说："你的建议值得我接受，并且使我欣慰。"学生从你的反应中体验到自己具有判断力。相信学生，鼓励他们参与。

在学校，教师要多给学生动手的机会，还可以委托他们做一些有一定难度的事。对于学生的过分保护，过分操纵，不放心他们独立介入生活中的"难题"，自己一手操纵，这是对学生的力量估价过低的表现。剥夺实践，不仅阻碍了能力的形成，而且使学生丧失独立的生活态度和自信心。聪明的老师是从不压抑学生跃跃欲试的愿望而鼓励他们独立学习的。

2. 多给学生创设成功的机会

学生的自信心是随着体验次数的增加而逐步增强的。因此，凡是学生力所能及的事，都应放手让他们去做。挫折虽然会使人失去信心，但另辟积极的途径却可使它转化。苏霍姆林斯基对四年级以下的学生从不打不及格分数，而让他们重新做失分的题目，让他们在进步中得到好成绩，并从中发现自己的力量。

在树立学习成绩不好的学生自信时，应降低他们的学习要求，让他们与自己差不多的学生相比。这样他们取得进步的机会就大一些，进步可以给他们带来自信，自信也可以让学生更进步。可见我们要在教学中，活动中不断地虚拟成功的机会让自卑的学生不知不觉地参与当中来享受成功的快乐，获取足够的自信心，如果学生在创设的机遇中没有把事情做好，老师就加以指责，甚至挖苦、讽刺，这不仅会使学生失去信心，而且会跟你对立。

学生在学习过程中遇到困难，缺乏勇气，找不到良策时，教师既要他们树立信心，又要帮助他们找到克服困难的途径，给他们创造机会，掌握解决方法，逾越问题障碍，顺利完成任务，增加他们的自信心。

3. 坚持正面教育

对于中小学生，自我意识、自我形象在相当大的程度上，是建立在比较崇信的人对其评价的基础上。师长尤其是教师往往是他们心目中的"权威"，如果教师对他们的评价是积极肯定的，他们的自我意识、自我形象一般就要好一些，从而对其取得成功的自信也相对就要强一些。相反，如果所获得的评价多是消极、否定的，则他们的自我形象相对就要差一些。

要保证教育获得成功，要使学生获得坚强的自信心和保持积极进取的精神状态，教师要多表扬、鼓励，多肯定他们所取得的成绩。尤其要善于发现"差生"的"闪光点"，充分肯定取得的点滴进步，以点燃心中的奋斗之火，使这些"差生"感到"我还行"，"我还有希望"。当然，有时对学生做适当的批评也是可以和必要的，但千万不要用贬抑、否定的话语，更不可责骂学生是"傻瓜"、"笨蛋"、"不可救药"。无论运用表扬或是批评都要恰如其分，不能滥用。对一些骄傲自满的学生不宜赞扬过多，以免助长他们的傲气。批评应该是为了设法避免或者防止将来发生类似的事件，而不是强调弥补错误，或者因为错误而进行处罚。教师的很多言行，都有意无意地具有评价的意义，因此，在学生面前教师要谨言慎行。

　　只要每一位教师都拥有"爱心、耐心、细心"，一定能唤醒学生自信的心灵，让他们永远抬起头走路。

第三章　优秀教师之信心激励

第二节　告诉学生"你能行"

　　人人都渴望"成功",不同的人对"成功"有不同的理解。在农民心目中是庄稼丰收;在工人心目中是产品畅销;在作家心中是作品出版;在父母心目中是孩子考个好分数、上个好大学,找个好工作……但是,在处于做梦年龄的孩子心目中,"成功"反倒成了恐惧、担心与压力的代名词。

　　成功究竟是什么呢?

　　成功是一种感觉,一种态度。"我能行"是成功者的态度,"我不行"是失败者的态度。人改变了态度,由消极变为积极,由"自我放纵"到"自我约束",由"我不行"变为"我能行",就会获得成功的感觉,最终改变自己的命运。

　　1971年2月22日,麦雅西——《华尔街日报》的西部经理,在车祸中受到重创。他的头部被撞凹陷近两厘米,生还的可能性极小。不料,麦雅西挺了过来,但他从胸部以下都瘫痪了。人们断言,他的余生将在轮椅上度过。

　　麦雅西决心要重新站起来!他试过无数方法,吃了不少药,都没有一点效果。这时,一位叫瑞佛士的心理学教授为他治疗。他把麦雅西推到一间挂着黑板的空屋,在黑板上用粉笔写上两个大字"不能"。然后问麦雅西:"你想重新站起来吗?"

　　麦雅西回答:"想。"

　　"那么,你认为你能够站起来吗?"

　　麦雅西犹豫不决地点了点头。

　　"那你上前,用手把'不'字擦掉!留下'能'。"

　　瑞佛士命令他说。

麦雅西双手略动了动，抬不起来。

"如果你认为你行，你就行！上前来，把'不'字擦掉！"瑞佛士用强硬的语气再次命令他。

奇迹出现了，麦雅西全身竟有了反应，他哆嗦着试着推动轮椅，来到黑板前，颤颤悠悠地拿起粉笔刷，一点一点地擦掉了黑板上的"不"字，最后留下一个醒目的"能"！

"看啊，你能！"瑞佛士激动地说，"你做到了，因为你已经把'不'字从心里擦掉了，从此，世上再没有什么力量可以阻止你重新站起来。"

1971 年 10 月 29 日，也就是麦雅西车祸之后的 35 个星期零 5 天，他回到了工作岗位。

麦雅西是成功者，他的经历也正好印证了萧伯纳那句名言"有信心的人，可以化渺小为伟大，化平庸为神奇。"不但成人如此，学生也同样如此。对每一个在学海中翱翔的学生来说，自信心如同一对翅膀，能让他飞得更高更快。如果没有这对翅膀，他将永远在地面上徘徊不前，永远看不到前方那亮丽的风景线。

拥有自信心的学生是幸运的，只要你再为他加点劲，他就能展翅飞向天边；而缺乏自信心的学生则需要你用心去鼓励，用心去启发，才能为他指出一条通往知识殿堂的光明大道！

有这样一个故事：

20 多年前，詹妮斯·温弗尔刚刚大学毕业，便来到波士顿华沙社区高中当辅导老师（相当于我们所说的教师）。

上课第一天，二班和三班都很正常，可是在七班，她遇到了意想不到的麻烦。当她走到教室门口时，两个男生正在打架，桌子也被推倒了，其他学生还站在一边看热闹。詹妮斯命令他们停止打架，然后准备上课时，却注意到 14 个学生的脸上个个都充满了戒备的神色。于是下课后她留下挑头打架的男生，想问问原因。谁知她还没开口，那个叫马克的男生就对她说了一句令人意料不到的话："小姐，您就不要浪费时间了，我们都是弱智！"说完，他就走出了教室。

而詹妮斯被惊得目瞪口呆，一下倒在了椅子里，一时间她甚至怀疑自

己选择当老师是不是一个错误？如果没有错，那么这个班的学生到底怎么了？同事告诉她，那个班的学生都住野外的窝棚里，父亲都是些流动工人，他们想来就来，想走就走，成绩一塌糊涂。反正他们中的大多数人无论如何也毕不了业，就别再在他们身上浪费时间了。可是詹妮斯忘不了马克说"我们是弱智"时的神情。"弱智"这个词，就在她脑海里不停地回响，她觉得自己必须来做点什么。于是第二天下午上课前，詹妮斯望着他们每一个人的眼睛，然后来到黑板前，写下了"ECINAJ"。"这是我的名字，"詹妮斯说："你们能告诉我这是什么名字吗？"

有几个学生说这个名字太古怪了，以前从没见过。

詹妮斯又来到黑板前，这次写下了"JANIC"，几个学生模模糊糊地念了出来，然后冲詹妮斯扮了个有趣的鬼脸。

"你们读对了，我叫詹妮斯，"詹妮斯说："我得过一种阅读障碍症，开始上学的时候，连自己的名字都写不对。我不能拼出单词，甚至连脑子里的数字都说不出来。大家都叫我'弱智'。对，就是'弱智'。现在一听到那讨厌的称呼，我仍然感到羞耻。"

"那您为什么能当了老师呢？"马克问。

"因为我恨这个称呼，我并不愚蠢，而且我很爱学习，而这就是你们这个班级要做的事。如果有人喜欢'弱智'这个称呼，就请离开这里，换个班级。这个班级里没有弱智的人！"

"我不打算对你们放松要求，"詹妮斯继续说："你们要努力再努力，直到你们赶上来。你们会毕业，我希望你们中的一些人会继续上大学。这不是开玩笑，这是希望。我以后不想在这个班级里再听到'弱智'这个词，你们听明白了吗？"

学生们看上去似乎坐直了一些。

从此以后，学生们开始努力，不久詹妮斯就看到了成功的希望。

那天，马克对詹妮斯说："安德森小姐，别人还是认为我们蠢，因为我们连话都说不对。"詹妮斯一听，暗暗高兴，"那么，马克，你们想把话说得漂亮一点吗？让别人对你们刮目相看吗？"

"当然了，安德森小姐，从现在开始你教我们学语法吧？"

詹妮斯点点头："好极了，不过我有一个要求，你们必须严格按照要求去学习，不能再像以前一样应付了事。孩子们，你们能做到吗？"

"我向上帝保证我能做到！"马克一脸严肃地说。

几个月过去了，孩子们的进步让詹妮斯吃惊，可是因为要结婚了，她马上就要到蒙大纳州了，她教的几个班的学生很快都知道了这个消息。

临走时，二班的学生送给她一束玫瑰花，希望她永远像玫瑰一样娇艳动人；三班的学生则送了一枚精致的胸花，希望她佩在胸前为她增添一份魅力。

而七班的礼物让她大吃一惊：学生们用各种各样的鲜花布满了教室，包括他们的桌子和文件柜，而詹妮斯的讲桌上则摆着一个巨大的花篮。在这个鲜花遍地的教室里，詹妮斯感动地流出了热泪，学生们也跟着她一起哭了。而这还远远不是学生们对她的报答。两年后，14名学生全部顺利毕业，其中有6个人还获得了大学奖学金。

这个故事再一次告诉我们："有信心不一定能成功，但没有信心却肯定不会成功"，是否拥有自信心，在一定程度上可以左右一个人的人生之路！

如果詹妮斯和同事一样，对马克他们不抱希望也不闻不问，不去晓之以情、动之以理帮他们建立起自信心，那么这14名学生或许真如她的同事所说，"他们无论如何也毕不了业！"

出于对教师这一神圣职业的负责，也由于那个捣蛋鬼带给她强烈的震撼，詹妮斯以自己为例，现身说法，告诉学生们：老师当年也像你们一样"弱智"，但老师不服气，硬是通过自己的努力取得了现在的成绩。那么，只要你们努力，你们也一定会和我一样行！

詹妮斯成功了，而促使这些学生们从不求上进到努力学习的原因非常简单，就是她的几句简短又富有激励性的话语，让他们从此对自己充满了信心：只要努力就一定行！

可见，自信心就像人的能力催化剂，将人的一切潜能都调动起来，将各部分的功能推动到最佳状态。

　　在许多伟人身上，我们都可以看到这种超凡的自信心，正是在这种自信心的驱动下，他们敢于对自己提出高要求，并在失败中看到成功的希望，鼓励自己不断努力，获得最终的成功。

　　我们不苛求每一个学生都像伟人那样，成就一番宏伟大业，但我们希望每一个学生都能在教师的激励下，树立起最起码的信心：我能行！

优秀教师的激励方法

第三节　鼓励学生进行自我竞赛

自我竞赛是指学生把过去的成绩和现在的成绩相比较。只要他比过去有所进步就是胜利。苏霍姆林斯基曾经说过，要让每位儿童始终看到自己的进步。同学之间相互比较，排出名次，只能促进成绩优良的学生自信，而对成绩差的同学则极为不利。部分差生如果经常处于失败者的地位，看不到自己的进步，久而久之，他们就会丧失自信，自暴自弃，而开展自我竞赛，连最差的学生也都有取得进步的机会，他们会因不断看到自己的进步而产生自我提高感，从而产生自信。

跟别人相比，由于先天不可选择的条件和后天自身因素及环境因素的制约，可望不可及的差距常常会使一些学生仅存的一点点自信化为自惭形秽的自卑。在自卑心理的影响下，什么都不敢去试，什么都没有信心去竞争，智力再好，学业和事业都难有出色的成就。但是，如果自己跟自己过去相比，这次考试成绩跟上次的考试成绩相比，有进步，下次成绩跟这次的相比，也有超越。虽然还难以达到理想，可是不断提高的成绩与奋斗目标的距离在一步步靠近，自信的火焰就会愈燃愈旺。第一个学期英语考试只得50分，第二个学期英语考试却考了60分，第三个学期的考试成绩提高到70分……回首看自己走过的一个个进步的脚印，品味尝试过的一次次苦尽甘来的甜头，自信就会在取得的一个个成绩的基础上日渐坚定，当然，自己跟自己相比，也有可能这次的成绩会比上次退步，但只要教师注意引导学生积极寻找退步的原因，认真分析，不断总结，他们就能在吃一堑中长一智。

让我们看看下面的例子：

学生通过一次或多次的成功而逐渐树立起来的自信，并不意味着就能在以后的学习中一直保持而不受打击，学生在学习和成长的过程中并不都是一帆风顺的。

我班上的一个差生，他因在"五一"晚会的戏剧角色扮演活动中出色的表演而受到了赞扬，体验了成功，树立了自信，同时增强了学习的动机。在后来的学习活动中，他较以前积极、认真、努力，但在几个星期后的一次考试中，虽然他的成绩比以前有了明显的进步，但还是远不如班里的好学生。

这个学生当时感到很失望，自信心受到了打击，他说："我上课很认真听讲，作业也认真地做，认真复习，努力学习，可成绩怎么还是不如班上的好同学？我是不是就只能这样了？学不好了？"

这时，我利用纵向比较法对他进行教育和帮助："你的表演这么好，很多同学都不如你呢。再说了，短短几个星期，你的成绩就有了这么大的进步，从原来的不及格到现在的 63 分，已经很棒了。虽然你的成绩暂时不如班里的好同学，但只要你保持信心，继续努力，我相信，你一定能赶上甚至超过他们。我对你有信心，加油！"

就这样，这个学生的心情一下子轻松起来，信心得到了保持并不断地增强，学习的积极性有效地调动了起来，成绩一次比一次好。

这个例子生动地告诉我们，自我比较更有利于保持学生的自信。当学生处于低潮时，教师应运用自我比较手段来保持和提升学生的自信。

第四节　发展学生的爱好和特长

　　人各有所长，各有所短。教师不能用统一的标准要求学生，应该正视学生的个别差异，允许并鼓励学生发展自己的爱好和特长，尤其是后进生、有思想障碍的学生。学生在自己的爱好和特长中看到自己的力量，看到自己比别人优越的地方，这会使他对自己产生自信。这种自信还会有助于学生在自己的薄弱方面克服困难，而困难的克服又增强了他的自信。因此，教师应力求使每个学生都有自己的爱好与特长。

　　为了帮助学生建立良好的自信，教师应该独具一双"沙里淘金"的慧眼，善于从看似一无是处的现象中发现学生与众不同的特长和优点，使自信心近乎泯灭的学生重新鼓起争取成功的气。例如，数理化成绩都较差的学生，一般的教师都会认为他已经"无可救药"，但如果教师进行细致的挖掘，便可能会惊地发现他们具有其他许多尖子生所欠缺的体育、绘画的特长。教师凭此"借题发挥"，特意在班上对他们的这些给予以肯定，再列举一些有说服力的事例，证明具有这些特长的学生思维反应一般都比较灵敏，只要多下一点苦功，各科成绩就全可以赶上班上的其他同学。这些学生在看到自身独特的优势，内心便会油然爆发出一股迎头赶上班上其他同学的激情。

　　发展学生的爱好和特长，在培养差生自信心上，非常有用。这方面的成功例子很多，请看下面的例子。

　　初一（3）班男孩子不多，调皮捣蛋之事屡见不鲜，学生的文明素质不高，这就是开学之初的基本班情之一。

　　王学成学习基础不好，喜欢恶作剧，在年级中是出了名的淘气包。为了便于任课老师加强督促，班主任老师特意将他的座位调换到圆桌中央，但还是没用，自习时他做出各种各样的鬼脸，引得大家哄堂大笑。他以此为乐，感觉良好。班主任推测，这是他内心空虚、百无聊赖、浮躁不安、寻机发泄的表现。他找不到自己在生活中的位置，找不到精神的寄托，找不到前进的方向。像这样的男孩在班上还有几个。如果不善加引导，他们将影响班级的稳定；如果引导得当，使他们找到自己在生活中的位置，找到精神的寄托和前进的方向，他们就会静下心来，在某个领域进行探索，发展自己的潜力，找到一种人生的自信，从而进入一种良性的自我发展轨道。

这种良性的自我发展，是一种美好的境界。它可以使人生的航船找到灯塔，它可以使人为实现某一追求乐此不疲。

那么，如何对这些学生加以引导呢？

那是今年中秋节班级文艺晚会上，陈邵宇同学用萨克斯吹奏了一曲《牧童短笛》。班主任老师观察到，王学成听得非常入迷，表现出从未有过的安静。这个细节使班主任老师心里怦然一动。

曲终人散，班主任老师找到了王学成，问他："你喜欢萨克斯音乐吗？"他点点头。"那我把你引荐给音乐老师，让你学萨克斯好吗？"他将信将疑："我能行吗？""只要你喜欢，就不会太难。""那我就参加吧。"趁热打铁，班主任老师当晚就给王学成的父亲打了电话。王父告诉老师："儿子个性倔强，恶作剧的毛病根深蒂固，我都没办法。我把转化他的希望寄托于您了。只要能让他学好，我可以不惜一切代价。"几天后的返校日，王学成便带着一把崭新的萨克斯喜洋洋地来到学校。每当有兴趣课，王学成总是早早地去音乐老师那里了。看着他像模像样、聚精会神地练着，班主任老师心里有一种踏实的感觉。

从此以后王学成像变了一个人，忙碌起来了，听课专心了，课下抓紧时间做作业，生怕耽误了练琴，一有空就往陈邵宇那里坐。陈邵宇不仅萨克斯吹得好，而且是个品学兼优的学生。王学成能与之为友，班主任老师心里很高兴，为了巩固这种好局面，班主任老师还专门把王学成的座位调整到陈邵宇旁边。"近朱者赤，近墨者黑"，王学成整天追随陈邵宇，面貌发生了巨大变化：恶作剧少了，学习专心了，生活充实了。

班主任老师曾用最笨的办法，天天紧盯着那些精力充沛而且歪点子层出不穷的男孩子们，但是这种笨方法实行起来不仅太累，疲于应付，而且效果也并不显著。从王学成的转变，班主任老师看到了新的希望。兴趣、特长、爱好是属于非智力因素的范畴。非智力因素在学生成长的过程中起着关键的作用，王学成的转变正是这一理论的佐证。

这个故事总让我们想起著名教育改革家魏书生的话："相信，在每个孩子心中都有你的助手。"做教师的，最重要的任务就是发现孩子们的长处，让他们找到自信，激发起他们自我发展的雄心壮志，从而改变他们的生活面貌，使他们步入良性发展轨道。

那么在实际教育过程中，教师如何帮助学生发展爱好和特长呢？

1. 注意观察，善加引导

世界著名数学家、物理学家高斯小时候是一个非常调皮、淘气的孩子，在一次偶然的机会，老师发现了这位数学天才。那天，老师出了一道算术题：$1+2+3+4+\cdots+50=?$ 不到5分钟，高斯就举手说出了问题的答案，他表现出杰出的数学才能。从此，教师专门为高斯制定了培养计划，终于使他走上成功之路。试想，如果当时老师对一贯调皮、淘气的高斯置之不理，另眼相看，其结果会怎么样呢？高斯又怎么会有以后的辉煌呢？

2. 尊重学生，观察个性

对"怪"的学生，我们要见"怪"不怪，并且要主动接近他们，了解其个性，以求健康发展。每位教师要尊重学生，善于发现学生的个性、特长，做新时代的"伯乐"。

3. 创造环境，培养个性

当学生的个性、特长表现得很明显、很强烈的时候，学校、家庭和社会应相互配合，不失时机地创造一个良好的外部环境以发展学生这些积极的个性与特长。反对强求划一的教育，坚持面向全体和发挥个性、特长相统一的教育原则，学校、家庭及社会共同合作创造好的环境。

4. 因势利导，发展个性

培养学生的根本目的是发展学生个性，形成创造精神。对于有特殊兴趣和才能的学生，应积极为他们开辟创造性的学习途径，如组织课外专业学习小组和有关的竞赛活动，多给学生提供表现自我的机会。教师在平时教学过程中，应根据学科的特点，多鼓励学生"别出心裁"、"标新立异"，使学生成长为既符合时代共性要求，又具有鲜明个性、创造力和开拓精神的新世纪弄潮儿。

每个学生都有着独特的个性，每个学生都有着自己独特的内心世界、精神生活和内在感受，有着不同于别人的观察、思考和解决问题的方式。在进行培养学生的特长，促进学生个性充分发展需要个性化的教育，也就是要真正做到在教育中能面向每一个学生，面向学生的每一个方面。无论是在教育观念，还是教育方法、途径上，都需要我们作深入的研究与努力。因此教师要有正确的学生观，在思想上真正尊重学生的特性，在实践中发展和完善学生个性，从而培养出具有个性特长的新人。

第五节　用赞美激励学生

一句普普通通的赞美有时可以改变一个人的一生。不管是普通的人也好，还是一个伟大的人，都希望听到别人的一句赞美的话。赞美不是虚伪的奉承，不是夸大其辞的吹捧，赞美也不是一味地宽容；赞美是真诚的鼓励，赞美是对别人的鞭策。一句真诚的赞美可以激励一个人的一生，可以使他成就一番事业；一句不经意的讽刺、挖苦之言，有时会毁掉一个人的一生。作为老师，应该用显微镜一样的眼睛发现学生的优点，善于赞美鼓励学生，一句赞美的话有时会收到意想不到的教育效果。让我们都学会赞美，学会赞美学生、赞美自己的亲人、孩子，赞美同事，赞美我们身边的每一个人。这样，我们的社会将变得更加美好！

卡耐基小时候是一个公认的坏男孩。在他 9 岁的时候，父亲把继母娶进家门。当时他们还是居住在乡下的贫苦人家，而继母则来自富有的家庭。

父亲一边向继母介绍卡耐基，一边说："亲爱的，希望你注意这个全郡最坏的男孩，他已经让我无可奈何。说不定明天早晨以前，他就会拿石头扔向你，或者做出你完全想不到的坏事。"

出乎卡耐基意料的是，继母微笑着走到他面前，托起他的头认真地看着他。接着她回来对丈夫说："你错了，他不是全郡最坏的男孩，而是全郡最聪明最有创造力的男孩。只不过，他还没有找到发泄热情的地方。"

继母的话说得卡耐基心里热乎乎的，眼泪几乎滚落下来。就是凭着这一句话，他和继母开始建立友谊。也就是这一句话，成为激励他一生的动力，使他日后创造了成功的 28 项黄金法则，帮助千千万万的普通人走上成功和致富的道路。

在继母到来之前，没有一个人称赞过他聪明，他的父亲和邻居认定：他就是坏男孩。但是，继母就只说了一句话，便改变了他一生的命运。

卡耐基 14 岁时，继母给他买了一部二手打字机，并且对他说，相信你会成为一名作家。卡耐基接受了继母的礼物和期望，并开始向当地的一家报纸投稿。他了解继母的热忱，也很欣赏她的那股热忱，他亲眼看到她用自己的热忱，如何改变了他们的家庭。所以，他不愿意辜负她。

来自继母的这股力量，激发了卡耐基的想象力，激励了他的创造力，帮助他和无穷的智慧发生联系，使他成为美国的富豪和著名作家，成为 20 世纪最有影响的人物之一。

赞美显然比表扬更可爱，因为它适用于激励弱者变强，也适用于激励强者变得更强。

赞美有着巨大的教育魅力。

在学生的心目中，老师的一句赞美胜过一千句批评。

它能把略显痴呆的卡尔·威特造就成八九岁就通晓六国语言，14 岁被授予哲学博士学位，16 岁就获得法学博士学位，并被任命为柏林大学法学教授的学术奇才；它将眼盲耳聋自暴自弃的海伦·凯勒培养成"世界天使"、美国 20 世纪十大英雄偶像。

它让只能依靠耳朵和特殊符号学习歌曲的男高音歌唱家帕瓦罗蒂成为世界著名的"高音之王"；它把智商只有健全人 30% 的舟舟推上了保利剧院的指挥台。

还是赞美，使一岁半就双耳失聪的周婷婷 6 岁能认 2000 多汉字，8 岁能背诵圆周率小数点后 1000 位数，10 岁出版 6 万字的科幻童话，9 年学完中小学 12 年的全部课程，16 岁成为中国第一位残疾少年大学生，18 岁主演根据自己的故事改编的电影《不能没有你》，21 岁成为美国加劳德特大学研究生并最终取得心理咨询专业的硕士学位。

赞美就像沐浴学生的阳光和雨露，学生的健康苗壮成长永远需要这样特殊的养料。因此，作为浇灌花朵的园丁，要赞美每一位学生，把充满期待的微笑和出自肺腑的鼓励，化作滋润学生心田的阳光雨露，变成激励学生成功的源泉。这样，就一定会有更多的花朵竞相开放，争妍斗奇！

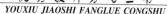

优秀教师吴永珍说过一句发人深省的话："赞美性语言与动作带给学生的是一种快乐的动力、一种向上的自信，其奥妙就在于卸掉了压在他们心上的自卑的巨石，于是学生的潜能就像火山一样爆发了。"

吴永珍曾担任过青田职业技术学校老师。期间，只要发现自己的学生有进步，哪怕只是一点点，她都会竖起大拇指，对他们说："你能行"、"你真棒"。在她的鼓励下，许许多多的学生在快乐中改变，他们尝到了在欢乐中学习的甜头。

吴永珍曾经教过一个双差生，名叫马小飞，长得方头大耳，又胖又黑。

他对学校的日常行规范的要求全不加理会，迟到、穿拖鞋等是他的家常便饭，以致一班一直没有成为学校的优秀团队。

吴永珍当然要找马小飞谈话。

但马小飞一进办公室，就摆出一副"死猪不怕开水烫"的样子，等着挨批。

吴永珍微笑着对他说："马小飞，坐下来，我有话对你说。"

马小飞一脸疑惑地坐了下来。

吴永珍说："我是新来的，对一班还不了解。请你告诉我，你身上有什么优点？"

"优点？我哪有优点，我身上全是缺点。"马小飞仍旧大大咧咧。

"怎么会呢？我觉得你身上的优点挺多的：值日生詹妮个子矮，你就帮她擦黑板；大扫除时，你一人提的水比两个同学一起抬的还多……"吴永珍把开学以来在马小飞身上寻找到的闪光点，都一一讲了出来。

听着听着，马小飞的眼神从疑惑变为感动，最后竟然哭了起来："老师，我以为你一定也很讨厌我……"

原来，马小飞因为成绩不好，长得又胖，一些同学便给他起绰号，比如大笨猪等，马小飞因此而产生了逆反心理，甚至有时故意违反纪律，使一班不能成为优秀团队，以求得报复后的快感。

面对马小飞的坦白述说，吴永珍叹了一口气，道："马小飞，你确实错了，而且很严重。但是，此时此刻，我依然要祝贺你，同时也祝贺我。"

马小飞吃惊地看着吴永珍，不明白对方葫芦中在卖什么药。

吴永珍道："首先，我感谢你对我的坦白，这说明你已经很信任我，我在你心中的形象还不算特别坏；其次，你已经意识到了自己的错。这就是我要祝贺的原因。"

马小飞再次泪流满面。

吴永珍道："男子汉，不要哭。你看你看，你有这么多优点，还怕改不了几个坏毛病么？马小飞，你抬起头，告诉我，你是个勇敢的人，对不对？"

马小飞望着吴永珍恳切的眼睛，不由自主地点了点头。

当马小飞要离开办公室的时候，突然又回过头来："老师，我这么笨，从来没有人喜欢过我，你为什么要这么夸奖我呢？"

吴永珍笑了："因为你根本就不笨，你本来就是个很聪明的人。只是他们太笨了，看不到你的优点。"

类似于马小飞此种事情，并不是个例外。吴永珍是个公平的人，她对所有的学生都是一视同仁的，她看他们的时候，眼睛里总是流露出爱的光芒。

谢俊是吴永珍班上另一个有名的调皮鬼，经常惹事生非，上课爱捣蛋，作业也经常不做，以致其他学生都拒绝与他交往。

有一次，班内举行扳手比赛，个儿最小的谢俊却获得了全班第一名。

吴永珍抓住这一时机，及时肯定了谢俊积极参加活动且敢于拼搏的精神，并委婉地说道："谢俊，如果你学习上也有这股劲，那肯定更加了不起。"

从未受过表扬、自暴自弃的谢俊第一次得到了老师的赞美，脸蛋红得像块朝霞，心里却美得像喝了蜜。

此后，谢俊的表现竟有些出人意料：作业端正且能及时完成，成绩不断进步。同学们一致评谢俊为"最具进步力之星"，并在吴永珍的提议下，同学们推选他当体育委员。

成了学生干部的谢俊，学习成绩直线上升，再也不是原来的差生模样了。

优秀教师的激励方法

赞美的本质是让每个学生都找到好学生的感觉，赞美的目标是让每个学生享受到自信的快乐。老师如果能用敏锐的目光及时捕捉学生身上的闪光点，用赞美性的话语给予鼓励、肯定，就会使优秀的学生百尺竿头更进一步，表现一般的学生奋发进取，后进的学生"重新做人"，后来居上。

教师要学会赞美学生，说起来容易，做起来难，常常听到有的教师这样说：对学生就应该毫不保留地说出他的缺点，这才是严格要求呢！我们听起来似乎觉得此话言之有理，但细分析一下不难看出这些所谓的严师，他们对学生的教育只是强调反面批评、教育，而忽略从正面积极地引导、激励的作用。

陶行知先生曾这样忠告我们："你的教鞭下有瓦特，你的冷眼里有牛顿，你的讥笑中有爱迪生。

学生的心灵是脆弱的，像刚刚钻出土地的一棵棵嫩芽，需要老师的精心呵护。

试想一棵小树苗遭到狂风的摧残后他可能以后永远都是一棵歪脖子树，作为老师的我们会忍心做狂风去扭曲学生幼小的心灵吗？

我们应当记住以下几点：

第一，生活中不是缺少美，而是缺少发现。

大千世界中的精灵——人，更是如此。哪一位学生身上没有闪光点呢？吴永珍成功的教学经验也告诉过我们：没有爱就没有教育，没有赞美就没有教育。当然，没有爱，你将永远发现不了学生隐藏的优点。

曾有一位对超常儿童有研究的外国专家到我国一所学校考察，一位老师说："您能否帮我把班里智力超常的学生挑出来？"

专家爽快地答应了，然后自信地用手随意指点起来："你、你、你……"。

此后，老师、家长、同学都对他们另眼相看。

一年后，专家再次光临学校并询问："那几个孩子情况怎样？"

老师道："好极了，我感到很惊讶，您来之前他们都只是普普通通，可经您一点，全都变了，请问您有什么诀窍，判断如此准确？"

专家微笑道："没什么诀窍，随便指指而已。"老师顿时目瞪口呆。

第三章 优秀教师之信心激励

每个学生身上都蕴藏着巨大的、不可估量的潜力。我们老师有幸成为挖掘学生潜能的第一人，应该尽自己所能给他们动力。

心理学研究表明：人在受到赞美的时候工作或学习效果最好。当大家都坚信一个人"行"的时候，他就真的能行，哪怕他原本是不行的。

不懂得赞美学生的老师就像没有艺术天赋的雕刻师，只懂得埋怨这块玉不够圆润，那块玉长得奇形怪状，没有符合他的要求。而一个真正技艺精湛的雕刻家，会根据各块玉的形状雕刻出各种富有个性和灵气的惊艳作品。

第二，赞美要导向清晰。

一好遮百丑，夸大其辞的赞美，有可能给人留下刻意取悦学生的错觉正确地评价学生的问题。我们发现，在一个班一节课下来，老师先后提问十几位同学，老师评价总是"好，您请坐"、"很好，您请坐"。有的学生的问题正确的成分不到1/3，甚至是完全错误的，也是"好、很好"。究竟好在哪里？难道这就是真的赞美学生吗？

《中国青年报》上曾有一篇短文，题目是《夸不到点子上就别夸》。大意是：昨晚，一位上中学的女孩打电话向我倾诉班主任近来的"怪现象"：她突然一反常态，比如，总对学生说："你极有天赋！""你非常聪明！"刚开始，大家还美滋滋的，尝到"快乐教育"的滋味！可慢慢地就觉得不对劲儿了——她对每个人都这样评价，而无论谁学习上遇到困难，她都会大而化之地肯定："你一定能成功！""你是最棒的！"时间长了，同学们弄不清自己的真实情况，渐渐在班主任的表扬中迷失。"她的表扬太廉价了，没有原则，就显得虚伪。"这个女孩的评价十分尖刻。

好的、有效的赞美一定是了解对方优点，并由衷地欣赏。这样的赞赏往往最能夸在"点子"上，效果也最理想。被赞赏者的愉快首先是基于被了解——被"读懂"的快感是无法替代的！赞美本身要有内涵，盲目的赞美只能适得其反。

第三，赞美要及时准确。

及时准确地赞美学生，以达到继续奋进之目的。要知道学生在学习中，会用各种方法展示自己的成就，以增强自信感和让人羡慕的崇拜感。

这时教师及时的恰到好处的赞扬，会让学生有一种被肯定，被发现的喜悦和快乐，这种心理上的满足会化为他们学习中的强劲动力，支持他们更加努力奋斗继续前进，对自己的要求精益求精。若教师对学生各方面微不足道的成绩和进步视而不见，就会挫伤他们的积极性。

一个高明的教师，不仅会赞美学生已经表现出来的成绩和优点，还善于赞美学生潜在的优点，并及时给予肯定。学生在获得满足时会更加注意学习效率和学习方法，学习成绩在原有基础上更会随之提高。这就要求教师要有敏锐的洞察力，善于从各种角度看问题，从细微之处看出学生的成绩和优点，及时准确的给予表扬。只要学生表现出良好的行为，教师就应该及时鼓励强化、巩固这种行为，久而久之，学生就会养成自然而持久的良好行为习惯。

第四，赞美要因人而异。

了解并抓住学生的特点，对于外向型的学生，教师可多用热情的具有鼓励性的赞美；对于内向型的学生，教师投以赞许的目光，或送一个友好的微笑。对后进生多采用直言赞美；优生多采用含蓄赞美。性格多疑的学生多采用间接赞美；看重"面子"的学生多采用"美名"赞美。有某种特殊潜质的学生多采用目标赞美；信心不足的学生多采用归因赞美，等等。不应该让学生觉得你是在刻意地赞美，如果我们分析一下那些优秀学生的成长过程，我们不难看到，他们无不是在学校得到老师的充分肯定，在家里被父母赞赏。

第五，设专栏的赞美方法。

沈旗和马文林两位教师曾经尝试过这种方法，效果非常不错。他们在班级后墙的黑板上设一个"一鸣惊人"的专栏，让每一个同学都有可能"一举成名"——也许是因为学习刻苦了，成绩进步了，也许是卫生工作特别认真，也许是因为为困难的同学捐资助学数额最大……这种形式的表扬不但对被表扬者是一个激励，而且对增进同学之间的了解和友谊，建设一个积极向上的班集体都极有好处。

第六，拟批语的赞美方法。

在批改作业时，除了打上等级之外，还可以根据学生的作业情况写上

"工整"、"字写得太漂亮了"、"有创造性"等批语。这样的批语使学生获得一种成就感，能有效地调动学生的积极性和创造欲，从而提高了学习效率。

除此之外，老师还可以通过每期给学生写两封信（其实是评语）的形式，对学生进行赞扬。

但赞扬的时候一定要具体、适度。如讲"你最近表现不错"就不如说"你最近在学习英语方面用功多了，书写工整，课后积极向同学和老师请教。"

第七，送"喜报"的赞美方法。

可准备印制精美的"喜报"数张。当学生在某一方面表现突出或取得进步，他的家长就可得到教师亲自填写的"喜报"。这种"喜报"价值不大，作用可不小。它不仅能强化学生的优点，更能沟通学生、老师、家长之间的感情，有助于强大的教育合力形成，可谓一举多得。

赞美是种胸怀，一门艺术，一种能力。只要老师恰如其分地运用好它，你的工作一定会更加出色。

"赞美你的学生"是一名教师应有的素养，也是一种人格魅力，更是一名教师的智能之源。

在学生们的人生道路上，为了他们的进步、进取，让我们用真诚、爱心学生多几分赞美，少一些批评、指责吧。

教师的赞美是阳光、空气和水，是学生成长不可缺少的养料；教师的赞美是一座桥，能沟通教师与学生的心灵之河；教师的赞美是一种无形的催化剂，能增强学生的自尊、自信、自强；教师的赞美也是实现以人为本的有效途径之一。教师的赞美越多，学生就越显得活泼可爱，学习的劲头就越足。

第六节　用善意的谎言激励学生

"我真的没办法了，我试了好多种方法来提升这个学生的自信心，可一点效果也没有，我真的是黔驴技穷了。

在教学实践中，我们很容易听到教师们说这样的话。

真的没有办法了吗？

其实未必。

人们常说，不管你碰到什么问题，问题都不是平面的，而是立体的、多方面的。所以，当你遇到问题，从一个方面想不出办法，觉得无从解决的时候，不妨转变一下思维，你会发现，总有更多的办法能解决问题。

比如，作为一名教师教师，首先想到的是为人师表，率先垂范，尤其是在学生面前，更应该正直诚实，不能弄虚作假。但教育实践使我们感受到，在某种特殊的情况下，"美丽的谎言"也不失为一种有效的唤起学生自信的方式。

谎言，通俗地说，就是指假话，骗人的话。从心理学角度分析，说谎是人的一种本能，也许从小到大，还没有人没说过谎的。从语言学的角度看，谎言本质上只是一种语言现象而已，其本身并无好坏之分。但从伦理学的角度说，谎言则意味着不真不诚。中国谚语有云："谎话，像雾；大话，像雷；惟有实话，才像滴滴春雨。"当然，凡事须辩证分析。从恨而起、以损人害人为目的的谎言是可鄙的；而由爱而生、以助人利人为追求的谎言却是美丽的，它如同一缕阳光，不经意间就会温暖一颗冰冷的心！它所流露出的关爱真诚如同泉水般清新自然，它所传递的善意拉近了人与人之间的距离，使我们的生活充满了温馨。在我们的教育教学工作中，若能恰到好处地运用，"谎言"也可变成一朵散发着淡

淡清香的花儿，温馨你我，将幸福传递。

我们不妨看看下面这个案例：

第一天上课，我就注意到了他——一个萎缩在座位上的男孩子，他叫小健。听教过他课的老师介绍，这个孩子理科成绩还勉强说得过去，对于文科成绩，可称得上是特别"困难"的了。果然，课堂上的他，昏昏欲睡；作业本上的字，歪歪斜斜、乱七八糟。在我们这个"强手如云"的班级里，自卑占据了他的每一根神经。我决定，提高全班成绩，就从他开始。我要用热情和积极的心态，去发现他的闪光点，用全面发展的视角去欣赏他，鼓励他。从此，赞扬的话、和善而鼓励的眼神、欣赏的微笑，出现在我的课堂上。我发现，他就像跋涉沙漠的人突然看到了绿洲那样惊喜，发言次数越来越多，甚至也夹着书本到我办公室里问我一些问题，我为他的变化感到欣慰。

月考结束了，接下来，就是同学们围着我无休止地询问分数。我感觉到他那期待的目光，可我知道，他又得了我班唯一的不及格分数。怎么办？实话告诉他，无疑会给学习状态日渐好转的他当头泼冷水，"唯一"的不及格，会毫不留情地淹没他那份重新建立起来的自信。我拨开人群，大声说："同学们考得都很好，但最让老师欣喜的是小健同学得了68分，这和他的努力是分不开的。而且我相信，功夫不负有心人，他会取得更大的进步。"同学们都用一种与平常不同的眼光看着他，他也不由自主地直起了身体，激动地看着我。

发卷时，我递给他一份空白卷子，说："老师把你的卷子拿给各科老师看，不知道放在哪儿找不到了，真对不起，你再做一份质量更高的，好吗？"他认认真真地又答了一遍，我给他讲解后，用充满希望和信任的目光看着他说："老师期待着你的进步，你是个聪明的孩子，如果各科学习都有这样的劲头，会怎样呢？"

一周后，我找到他，又郑重其事地撒了个"谎"："学校领导刚给我们开了一个试卷质量分析会，听到你的进步后，校长很高兴，特意让我告诉你，继续努力，争取做全班、全校同学的榜样。"听到这些，他特别激动。晚上，他母亲给我来了一个电话："程老师，听孩子说，他语文考试及格了，还受到了校长的表扬，是真的吗?"我沉默了一下，说:"是真的，我想，孩子告诉您，是想从自己父母那里，获得更多的自信和希望。"

希望和信任是看不见、摸不着的，然而它们的力量是不可估量的。从这以后，我发现小健的学习更努力了，每次测验的成绩都有所提高。期末考试，他语文得了88分，其他学科也有了不同程度的进步，学期评优中还被评为"进步生"。成绩发表后，我把那张写着"自信是成功的开始，努力是成功的阶梯"的批语及写着88分的考卷交给了他。

现在，我常想:假如当时我把他的真实成绩公布于众;假如不"设计"出校长亲自过问、关心的情节……这位刚刚培养起自信的同学能继续奋进吗? 我们之间的关系会那样和谐吗? 确实，在学生成长的道路上，有时"美丽的谎言"比诚实的"直言"更有效，我就是用一个"美丽的谎言"唤起了一个学习困难生的自信，让我们在和谐的交往中不断走向成功。

"用美丽的谎言唤起学生的自信"，这不仅是一种教育手段和方法，还是一种教育机智和策略。由于在美丽的谎言中，浸透着教师火热的激情，无比的信任，强烈的期望，因此所谓的"谎言"，实乃"吉言"。这绝不是一个简单的技巧问题，而是一个深刻的思想问题。教师这样做的目的，完全是为了有利于学生的发展，充分体现出教师的良苦用心。只要是对学生有益的，就是合理的，就是教师所应努力追求的。当然，这样做必须要讲究度，要限定在"善意、合理、可能、科学、人文、艺术"的范围之内。这样的"谎言"就像美梦一样，是可以成真的。说者有心听者在意，久而久之，就可以形成默契，产生心意相通之妙，为构筑起和谐的师生关系奠定坚实的心理基础。

经典案例

哈尔滨师范附属小学张岩老师刚接管一个新的班级时，一下子就被学生们的纯真和质朴打动了，而唯一令他感到遗憾的是课堂上学生被动、沉闷的表现。

面对张老师的提问，即便是最容易回答的问题，学生们也大都把小脑袋藏在书本后面默不作声，呼应他的每次都是几只小手。

面对这样的情景，张老师本想批评学生一顿，让他们改掉这个毛病，可静下心来仔细一想，学生有此表现肯定是由于害怕回答错误，对自己缺乏应有的自信。要从根本上解决这个问题应从鼓励开始，树立他们的自信心。

想到这里，张老师决定把自己的身份与学生的地位等同起来，消除学生的惧怕心理，将以往老师教、学生学的方式转变为师生共同学习。他告诉学生："今天老师将和大家共同学习，课前我也只是简单的预习而没有做过多的准备，有问题我们一起来讨论解决。"学生一听老师对新知识也未必事先懂，从心理上便拉近了师生之间的距离。在此基础上，张老师向学生提出了两个要求："一是课堂上同学们可以随时向任何人提出不懂的问题；二是回答问题不论对与错，只看谁的声音洪亮、态度积极。"这下激起了学生们的热情，学生们纷纷举手，有的还给老师提出问题，有的向同学提问，还有的自问自答⋯⋯

学生的表现既在张老师的意料之中又让他始料不及。原来学生都是那么出色。张老师说了很多夸奖的话："你的声音可真大，同学们都应该向你学习。""你又进步了，老师可真为你高兴！""真了不起，今天你都发言三次了。""原来你的声音这么好听，下次继续好吗？"⋯⋯

在张老师接连不断的鼓励声中，学生们一次又一次站起来⋯⋯他们陶醉在阵阵成功的喜悦中，一张张像绽开的花朵一样美丽的小脸上洋溢着惊喜，写满了自信，同时又充满了一种被他人认可的满足感。

学生们亲自品尝到了在课堂上踊跃发言的甜头。于是张老师乘胜追击，提出进一步的要求，以便规范他们的语言，使他们的回答更符合要求。针对不同的课型，使用不同的提问方法。但无论如何张老师总忘不了那句话："你的回答可真棒，大家都应该向你学习，继续努力！"因为它给了学生源源不断的自信。

第三章　优秀教师之信心激励

第四章
优秀教师之理想激励

理想激励主要给予学生美丽的目标炫耀，吸引学生为了实现和拥有这个目标而努力学习，加强自身修养，积极进步。目标的确定要因人而异，不同阶段、不同处境的学生可以设置不同的目标引领，掌握其度，过犹不及。目标的确定也要考虑到学生渴望成就感的因素，还要注意学生的持续性发展。在实际的教育教学过程中，教师要掌握一些切实有效的理想激励方法，从而帮助学生实现目标。

第一节　培养学生的超越意识

所谓恩师，就是既教给学生学识，又传给学生为人之道；既鼓励学生在知识殿堂里不断探索，又激励学生走出小天地去感受外面世界的精彩。如果学生永远藏在教师的翅膀下，如果学生永远不敢突破教师的光环，如果学生永远不敢在教师的成就上有所成就，那么，教师教学生的意义何在呢？

现实告诉我们，人生是一条奔腾不息的小河，永远不会停留在风平浪静的港湾，她需要奋进，需要超越，这样才能富有生机和活力，才会永葆青春，才能拥抱大海。

"青，取之于蓝而青于蓝；冰，水为之而寒于水。"这是一句广为流传的至理名言。它出自战国时期著名思想家荀况之口，虽历经千年的洗涤，依然焕发着真知灼见。

超越是一种境界。牛顿的老师巴罗当时是欧洲一流的学者，曾任剑桥大学自然科学讲座的第一任教授，他发现牛顿是一位很有前途的学生，遂选他作为助手，在科学的道路上尽心呵护和培养。六年后，他发现牛顿的才能远远超越自己的时候，年仅39岁的巴罗毅然让贤，并力荐27岁的牛顿当上了剑桥大学自然科学的教授，从而为牛顿成为举世闻名的科学巨匠铺平了道路。每当人们谈起牛顿时，不能不深深地怀念巴罗教授这位荐才让贤的贤者。

让"青"胜于蓝，胜的不仅仅是"青"，还有"蓝"——这是为师者最大的欣慰。

对老师来说，此生最大的幸事莫过于培养出在学术上超越自己的学生，只有这样，知识才能在下一代手中得到发扬，文明才能得到传承。

1902 年，诺贝尔化学奖颁发给合成了糖类以及嘌呤衍生物的德国科学家埃米尔·费雪。

而费雪能够摘取科学史上的桂冠，除了他自身的聪慧与努力，他的恩师——著名的化学家阿道夫·冯·贝耶尔教授——功不可没。

1871 年，19 岁的费雪进入了波恩大学。但实验室简陋的设备和不良学风让费雪非常失望，一年之后，也就是 1872 年秋天，他转入斯特拉斯堡大学化学系学习，而贝耶尔教授正在那里任教。

贝耶尔教授对染料、炸药和药物的研究有很大的贡献。时年 37 岁的他，在欧洲有着极高的声誉，慕名求教者不绝于途。

费雪非常敬佩贝耶尔教授，贝耶尔教授也很快就发现了这位勤奋好学的青年人的才能，并精心地加以培养。

在贝耶尔教授的指导下，费雪开始撰写博士论文。1874 年他完成了《有色物质的荧光和苦黑素》论文，获得了博士学位。这时费雪才 22 岁，成为了该校有史以来最年轻的博士。

斯特拉斯堡大学一向以严格求实著称，在这样的学校获得博士学位是要经过严格考核的。

在隆重的毕业典礼上，大学总监也抑制不住内心的激动，他颇为骄傲地大声宣布："本校自 1567 年创立以来，到现在已超过两百年了，本届出了一位最年轻的博士，他就是埃米尔·费雪。"

从此以后，"最年轻的博士"就成为费雪的另一个名字。

费雪获得博士学位之后，已经小有名气，一些大学争相聘他去当教授。但是费雪却另有打算，他认为贝耶尔教授是一位非常好的老师，无论在学问上还是在品德上均可为人师，在他身边可以学到很多东西。

于是他谢绝了不少大学聘任他为教授的聘书，甘心跟随贝耶尔做一名助教。

在贝耶尔的精心指导下，通过几年的学习和研究工作，费雪在有机化学方面的研究水平渐渐地超过了老师贝耶尔。这一点贝耶尔是最清楚不过的了。

贝耶尔觉得，学生超过老师，说明师生都尽了力，应该给费雪找一个更有利发展的地方：也就是让费雪到外面去闯一闯，独立创业。

1882 年夏日的一天，厄南津大学邀请贝耶尔来任教授，而且各方面的条件都十分优厚，贝耶尔的亲人都替他骄傲万分。但贝耶尔却另有想法。

贝耶尔把费雪请到了自己的办公室。开门见山地说："费雪，这几年你的工作很有成效，不过我认为你还是应该接触更多的人，到别的地方去求发展。"

费雪从来没有想过要离开老师，他有点着急了："不，我不想离开您，老师，没有您，我不会有今天的成绩……"

贝耶尔看着自己心爱的学生，恳切地讲："费雪，你听我说，我心里非常清楚，你在有机化学上的造诣已经比我深了，该出去自己闯一闯了，别在这里白白耗费时间了。现在正好有这么一个机会……"

费雪深受感动，这是老师的一片苦心，只有加倍努力，创造出新的成绩才能不辜负老师的厚望。

在贝耶尔的极力推荐下，1882 年，费雪被聘为了南津大学化学系有机化学教授，开始从事嘌呤族的研究。

1885 年费雪转任维尔茨堡大学教授，在这里他进行糖类的研究，并继续做嘌呤族的研究。

1892 年他来到柏林大学工作，在阐明糖类的结构方面做出了重大贡献，并合成了葡萄糖、果糖、甘露糖等。

解决糖的结构是当时有机化学中最困难的问题之一，费雪成功地解决了这个难题。这时他在有机化学方面的研究成果已经超过了他的老师贝耶尔，并且得到了国际上的承认。

由于费雪成功地解决了糖的结构以及在嘌呤衍生物、肽等方面的研究成果，50 岁时，他荣获了诺贝尔化学奖。

费雪获得诺贝尔奖以后，仍然不懈努力，并于 1914 年第一个合成核苷酸。他又被提名为诺贝尔生理学及医学奖候选人，但评奖委员会认为"再授予他奖金很难说是恰当的"，因而没有选上。

费雪的成功证明了贝耶尔没有看错人，而在费雪获得诺贝尔化学奖三年后，贝耶尔也获得了 1905 年的诺贝尔化学奖。

第四章 优秀教师之理想激励

除了费雪之外，贝耶尔还培养了许多优秀人才，其中一些人也获得了诺贝尔奖，如他的学生维兰德（1927 年诺贝尔化学奖得主）。

特别有趣的是，费雪的学生瓦尔堡获 1931 年诺贝尔生理学及医学奖，瓦尔堡的学生克雷希斯又获得 1953 年的诺贝尔生理学及医学奖。可见，贝耶尔品格和治学方法就像遗传基因一样被传下去了。

如果没有贝耶尔的严格要求和精心教导，就不会有这位斯特拉斯堡大学历史上"最年轻的博士"；而没有贝耶尔的鼓励，费雪也不会离开恩师，去更广阔的天地中寻求发展。

所谓的恩师也莫过于此：既教给你学识，又传给你为人之道；既鼓励你在知识殿堂里不断探索，又激励你走出小天地去看看外面的世界。

贝耶尔是幸运的，因为他培养出了众多高徒，费雪更幸运，因为他碰上了贝耶尔这位明师。

费雪的成功等于向贝耶尔交上了一份流光溢彩的答卷：青出于蓝而胜于蓝。

青出于蓝而胜于蓝，但青要胜于蓝也有一个前提条件：那就是青必须脱离原有的蓝才能显现出自己的独特之处。

如果没有贝耶尔的牺牲和成全，费雪离开师门、走向更广阔的天地可能还需要更长的时间。如果贝耶尔没有意识到费雪的学识已在自己之上，或者虽然意识到了，却出于"师道尊严"，不为费雪指出另一条路，费雪很难说会有后来的巨大成就！

正是贝耶尔那种崇高的学术精神激励着费雪在科学殿堂上一步步向上攀登，并把这种高风亮节传递给了自己的学生！正是缘于衣钵相传，费雪的学生才再一次实现了"青出于蓝而胜于蓝"的格局。

几代学者在科学大道上如此前赴后继的动人情景，恐怕在整个科学界的学术史上也是少见的，而促成这种情景的最关键因素则是贝耶尔那种不怕学生超过自己的大度，那种激励学生不断勇攀高峰的精神。

两千多年前的思想家韩愈在《师说》中就指出："圣人无常师，孔子师郯子、苌弘、师襄、老聃。郯子之徒，其贤不及孔子。孔子曰：'三人行，则必有我师'，是故弟子不必不如师，师不必贤于弟子，闻道有先后，

优秀教师的激励方法

术业有专攻，如是而已。"

"弟子不必不如师"，这是鼓励学生不要自卑，立志发愤学习，敢于超过老师；同时也告诫老师，要正确对待学生，"后生可畏"。而"师不必贤于弟子"则是要求教师实事求是，不要不懂装懂，永远不能满足已有的知识；同时也告诫学生对老师不能求全责备，应当虚心学习。

所以师生应以道业为基础，互敬互学；而不是迷信或绝对服从。

作为一名教师。如何培养学生"青出于蓝而胜于蓝"的意识呢？

首先，要使学生树立正确的人生观和科学的工作态度。

俗话说得好，一年之计在于春，一日之计在于晨。同样的道理，对一个人来说，一生之计在于年轻。一个人年轻时期的思想和行为，足以影响并决定他的整个人生。大家年龄都在 20 岁上下，正处于人生的重要阶段，要成为"有理想、有道德、有文化、有纪律"的合格军人，走好今后漫长的人生道路，就必须树立正确的人生观。这是因为，一方面，因为年轻，我们思想活跃、思维敏捷、求知欲强、情感丰富，对未来、对人生有着美好的憧憬，是人生的一个黄金时期，把握得好，可以为成功的人生打下扎实的基础。翻开古今中外的历史，有多少叱咤风云的政治家、军事家，有多少创造人类精神财富的文学家、艺术家，有多少推动社会进步的科学家、发明家，他们之所以能够成就大业，成为芸芸众生中的杰出代表，为人民和历史所敬仰，最根本的原因就在于他们早在年轻时就树立了正确的人生观，解决好了"为谁活着，怎样做人"这个最根本的人生课题。

其次，在教学等一系列活动中，多传授给学生最新的课外知识，鼓励学生增加阅读，包括专业知识和非专业知识。

在教学活动中，不仅要介绍课本上的规律性知识，也要介绍学科的前沿、最新的科研成果。在阅读科研资料时，鼓励他们阅读外文资料，包括本学科最权威、最专业的杂志。

最后，在学生的能力培养上，多给予他们实践的机会，鼓励他们在实践中应用所学知识来解决问题。

如何提高学生的综合素质，提高人才的培养质量应是当前的紧要课题。学生的动手能力是从实践中得来的。作为一名优秀的学生，就应该有

较强的动手能力。在学生的实验课程上，教师应主张加强、规范实验课的教学，提高质量。为了提高学生的动手和解决问题的能力，让学生体会到与以往的不同，最好是学生能操作的工作皆让学生亲自操作，在实践中提高他们的能力。

作为一名教师，不能只停留在教学生丰富的知识，而更应注重学生能力的培养，让他们"青出于蓝而胜于蓝"，成为国家、社会的有用人才。如果学生永远藏在你的翅膀下，如果学生永远不敢突破你的光环，如果学生永远不敢在你的成就上有所突破，那么，老师教学生的意义何在呢？

因此，教师传授给学生的不能仅仅是一堆用来背诵的条条框框，而应该是一种勇于创新的精神，一种敢于越超老师的动力。也只有敢于培养"山外青山楼外楼"的教师，才是一个真正优秀的、负责任的教师。

第二节　鼓励学生勇夺第一

雅典奥运会上最激动人心的莫过于颁奖时刻。数名获奖者同时站在奖台上，但奏响的却只能是冠军所属国家的国歌！

随便拿出一项比赛来，人们往往对冠军的名字耳熟能详，如果再问一句："亚军是哪位？"人们十有八九会犯迷糊。

为什么人们记住的往往是冠军的名字和笑脸，而将亚军放在一个被人遗忘的角落呢？

因为第二并不重要！

虽然很多时候，第二名和第一名很可能只有一点点微小的差别，比如在 1992 年巴塞罗那奥运会上，女子跳高第一名的成绩是 2 米 05，第二名的成绩是 2 米 03，但就是这一点，却造就了天壤之别！

冠军只有一个，而更多的时候，亚军和最后一名没什么区别！

在世人的心目中，王者只有一个！

比如网球大满贯赛事的冠军奖金有 100 万美元左右，而亚军只有一半，而有些运动的奖金设置比这还要离谱。

NBA 大赛的胜利者只有一个，那就是总冠军。所以如果一支球队止步于第一轮，或者止步于第二轮，那么和居末位的球队没有实质上的区别。

在中国，每年高考揭榜后，人们的注意力往往落在那些高考状元身上。

有谁见过媒体对全省或全市第二名考生予以过大力关注？没有，从来没有！

当然，我们并不是说要求每一个学生都能做状元，凡事求第一，而是说这种争第一的心态很重要。

因为，态度决定一切！

如果学生有了争第一的心态，也许，他到最后仍旧到不了第一，但却有可能得第二或第三；如果没有争第一的心态，那么，可以肯定的是，他不但永远得不了第一，即使第二第三也将与他无缘。

一个优秀的教师，为了能激励自己的学生做得更好，往往会鼓励学生们瞄准第一，以第一为标杆，甚至争取做到第一名的榜样！

不懂得争第一的学生，将永远是平庸的学生。

不懂得教会学生争第一的老师，将永远是平庸的、甚至不合格的老师！

微软（中国）有限公司研发部的高级职员苏珊女士曾经讲述过这么一个真实的事件。

那一年，苏珊在美国密西西比州立大学留学。任教的几位美国老师性格迥异，教学风格也各有各的特点，而苏珊印象最深的则是教哲学的布罗尔教授。

这位教授经常会有一些看似漫不经心的提问，在留学生们眼里，有的时候简直就是直板的美国人思维，称得上"犯傻"。

有一次，布罗尔教授道："世界第一高峰是哪座山？"

留学生们当然不屑一答，仅用最低的分贝附和："珠穆朗玛峰。"

谁知教授紧紧接着追问："世界第二高峰呢？"这下，大家可傻了。来自韩国的一个学生争辩道："书上好像没有见过！"教授不置一词，再问："那么，第一个进入太空的人是谁？"

不料，此次没有人敢回答了。

不是忘记了加加林，而是因为大家知道教授的下一个问题，痛苦的是不知道第二个人是谁。

于是，教授又自鸣得意地提了几组类似的问题。

非常奇怪，第一个问题的答案几乎没有人不知道，而第二个问题的答案却几乎没有人知道。

布罗尔教授很高兴，似乎成功完成了一项艰巨的任务。留学生们却莫名其妙，不知教授在玩什么花招儿。

幸好布罗尔教授转过了身，黑板上飞快出现一行字：屈居第二与默默无闻毫无区别！

原来，教授是在鼓励学生们要勇争第一呀！

教授接着陈述了他的一项实验结论。

12年前，教授曾要求他的学生毫无顺序地进入一个宽敞的大礼堂，并独自找个座位坐下。反复几次后，教授发现有的学生总爱坐前排，有的学生则盲目随意，四处都坐，还有一些学生似乎特别钟情于后面的位置，教授分别记下他们的名字。

10年后，教授对他们的调查结果显示：爱坐前排的学生中，成功的比例高出其他两类学生很多。

这些学生中，有的在公司里已做到了部门经理，有的则自己创业办起了自己的小公司，有的则是自己所在行业的顶尖人物。

而那些钟情于后面位置的学生，大部分还在为吃饭问题忙碌，最惨的是一位叫哈里的学生，有一天布罗尔教授在街上碰到他，一问情况，哈里说他刚刚失业，原因是公司裁员，而他的业务能力一直以来都在几个同事后边，没什么起色。

苏珊和同学们听了，一个个若有所思，他们中有些人平时上课就喜欢往后边坐，为的是逃避教授的提问。

教授还讲到他被很多大型公司视为"人才伯乐"的原因，就是应用了这个结论。

每次教授受托为某公司招聘人才时，总会让那些应聘者莫名其妙地选座位。然后根据他们选座位的表现来确定人选。

说到这儿，教授淡然一笑："其实，那些应聘者知识实力相差无几，我哪里知道谁是千里马，我不过知道谁爱坐前排罢了。在我看来，喜欢坐在前排的人，内心往往有着很强的争第一心态，凡事不喜欢落在别人后边，这样的员工往往也是公司最需要的。你想想看，在市场竞争中，能获胜的企业有什么特点呢？无非不过是第一个占领了某个市场，第一个开发出新产品，第一个推出某项新服务……"

学生们信服地点点头，看得出来，教授的话给了他们很大的启发。

最后，教授语重心长地道："不是说一定要你们抢坐前排，而是说这种积极向上的心态十分重要。在漫长的人生中，你们一定要有勇争第一的精神状态，才会不断进步，达到事业的高峰！"

布罗尔的话音刚落，教室里就响起了一片热烈的掌声，对留学生来说，这是他们在异地接受的很重要的一课：勇争第一，不断进步！

两年后，苏珊大学毕业，经过努力进入一家软件公司工作，工作中她刻苦钻研软件知识，每当项目进展遇到难题时，她总是能第一个提出解决办法，并付诸行动。

几个月后，苏珊就被任命为一个新开发项目的主管，负责软件调试。当有同事问她被提升的"诀窍"时，苏珊微笑着说了一句："我只是比你们跑得快了一点，所以我跑在了第一个的位置上！"

第一和第二，差别为什么这么大？

那是因为第一和第二的距离，就是卓越和优秀的距离！

为什么武侠小说中老拿争夺武林第一，争当武林盟主说事儿，原因就在于此。

第一的位置代表的是实力，精神，傲视群雄！代表的是一种把握。

生活中，我们确实有着很浓厚的"第一"情结：第一个发明电灯的人是爱迪生，第一个登上月球的人是美国人……这么多第一都是别人的，而我们的印象却如此之深，就是因为这个第一属于"前无古人，后无来者"式的第一。就像布罗尔教授的问题，第一高峰人尽皆知，但第二高峰呢？或者再接着问一句第三高峰呢？

难怪学生们为难：我们只知第一，不识第二。

想得到别人的认可，想比别人有所成就，那么，我们就必须不断向前，不断向上，以一种争第一的积极的心态去奋斗。

海尔集团总裁杨绵绵将海尔的国际化历程形象地概括为：走出去、站住脚、争第一。

正是这种争第一的心态，才让海尔从一个濒临倒闭的小厂一跃而起成为一个庞大的家电巨头，才让海尔在没有硝烟的战场上取得了一个又一个的胜利。

优秀教师的激励方法

如今的海尔在经过了18年创业后，已经站在了一个很高的层面上。据欧洲透视统计公布，海尔冰箱已经跃居世界第一，海尔白色家电跻身世界五百强。

　　如果不跑快点，如果没有争第一的意识，那么，可以肯定的是，海尔绝对没有今天的雄风！

　　对学生来说，如果在学校里具备了这种"跑得要比别人快"的竞争意识，那么在他走向社会后，他就不会在激烈的职场竞争中慌了手脚，而会主动向竞争挑战，秀出自我来。

　　当然，要培养学生勇争第一的精神，教师要尽力做到以下几点：

　　第一，教师的潜意识中要有培养最优秀学生的思想。

　　教师要把不甘落后、奋发图强、天天向上作为一项基本的教育工作来抓，引导学生不断地突破自我。

　　一个没有培养最优秀人才的决心和精神的教师，他将永远培养不出永争第一的学生；一个没有永争第一的精神的学生，他必将被对手吃掉。

　　第二，教师必须开展多种活动，创设一种争第一的竞争氛围。

　　学生要生存，要发展，就必须适应并学会竞争。我们可以设计一些小范围、多层次的竞争格局，通过擂台赛、对手赛，个人与个人，小组与小组，对子与对子间的形式多样的比赛，让每个学生，特别是后进生、不引人注意的学生能有均等地参与竞争和获胜的机会，争取让每个学生都能在展现优势或发现不足的竞争中自主发展自己。

　　第三，荣誉激励。

　　从人的动机看，每个学生都具有自我肯定、光荣、争取荣誉的需要。对于某些方面表现比较突出，具有代表性的先进学生，要给予必要的精神或物质奖励。而且，在这种荣誉激励中还要注重以点带面地对集体的鼓励，以培养学生们的集体荣誉感和团队精神。

　　新疆优秀教师乌依古尔在教学中发现学生们对电视上的主持人都分外崇拜，都希望自己能当回主持人过过瘾。

　　于是，每当举行活动时，乌依古尔都要求数名学生一起主持，有时是由一个小组选出几个学生为代表来主持，有时则是男女生各选出一个代表

来主持，更多时候则是通过自荐并在竞争中产生。而唯一的最优秀主持人的评选则采取大家投票的形式产生，获奖者将得到嘉奖。

这种多层次、多方位的锻炼，基本覆盖了大部分学生。为了得到"最优秀主持人"，学生们都具备了很强的竞争意识，对自己的要求也大幅度提高了，凡事都要争取做到近乎完美的程度。

虽然从某种程度上说，第一纯粹是一个标志，如此而已。但这个标志却能激励学生充分发挥个人潜能，让他们有了展示自我的机会，有了发展自我的信心！

如果每个学生都具有勇争第一、奋发图强思想和坚忍的毅力，那么，教育的园地里就会充满生机和活力，充满创造和智能。

第一个吃螃蟹的人是勇士，第二个则是俗人。

第三节　教会学生循序渐进

从飞机上俯瞰大地，最先映入眼帘的往往是那一幢幢拔地而起的摩天大楼，台北 101 大楼、芝加哥西尔斯大楼、吉隆坡双子星大楼、上海金茂大厦、香港国际金融中心、纽约帝国大厦……

这些摩天大楼都是一个城市的象征，也是无数建筑师的心血之作，是一个个令世人瞩目的奇迹。万幢高楼平地起。再高的大楼，它也是由一砖一瓦、一步一步，直到砌成大楼。

同样的道理，成功者的一生是由无数个看上去微不足道的小方面构成的。

2005 年，美国《福布斯》杂志公布最新全球富豪排名，李嘉诚以 130 亿美元净财富排名 22 名，是最有钱的中国人。

说到李嘉诚，许多人都羡慕他现在的成就和财富，佩服他实现了从穷小子到顶尖富翁的梦想。但是，李嘉诚的梦想也并不是一蹴而就的，而是一步一个脚印地走到今天的。

幼年的李嘉诚便有做最有钱的中国人的想法。不过，李嘉诚先期的目标是摆脱贫穷的生活，别再吃了上顿愁下顿。后来，李嘉诚不必再为温饱问题发愁了，他的愿望是做一名合格的职员。再后来，李嘉诚有了自己的公司，他渴望着在稳固公司的同时，希望将公司做大做强。终于，他的一个个步骤如愿地实现了，长远目标自然就水到渠成。

目标虽然遥远，但只要你循序渐进，脚踏实地地走好脚下的每一步路，理想总会有实现的一天。

长远的目标可以引导学生奋斗的方向，但如果不关注他的一举一动，那么，一道小小的沟坎很可能就会让他栽跟斗，使他对漫长的跋涉更加灰心。

目标是结果，脚下是过程。

只有实实在在的过程，才能成就实实在在的结果。

乔·戴维是一位优秀的网球运动员，曾拿过全美青少年第 7 名的好成绩。哈佛大学毕业后，他当过老师，创办过艺术学院，当过海军军官。

从 1971 年开始，他一边教网球一边做研究工作。1975 年，作为网球教练的乔·戴维宣称自己找到了一个不用"教"的办法就可以让任何人更快地学会打网球，并且出版了一本书《网球的内在诀窍》。

当时，没有人相信他的话。后来，电视台以"质疑者"的身份出现了。他们在电视上广播启事招募实验者，报名的人很多，最后电视台从中选了 20 个从没打过网球的人，要求乔·戴维教他们打网球，并现场纪实。他们的目的是证明这是一场骗局。

这一天，20 个从来没有碰过网球的人懒洋洋地来到网球场。他们也不相信天下有这样的美事：可以在 20 分钟内学会打网球。

其中一位叫莫莉的人竟然穿了一条像木桶一样的裙子！她有 170 磅，已多年不运动了。

这时乔·戴维出现了，当时他还是个年轻人，瘦瘦的，穿着一条有时代特色的喇叭裤。

莫莉扭动着胖胖的身体，上前对戴维说："您好，戴维，我叫莫莉。我是想来和您说一声，我不参加这次活动了！"

戴维似乎没听明白她的话，而是微笑着对她说："您好，莫莉，很高兴见到您。我很佩服您的勇气，我就第一个来教您好了！我相信 20 分钟后您一定能够学会的！"

莫莉吃惊地瞪大眼睛："先生，你开什么玩笑，我是说我不参加活动了！当初我只是出于好奇才报名的。可你看我这身材，实在是不适合运动啊！"

戴维打了一个停止手势，没让莫莉说下去，而是对着身后的电视台工作人员说："喂，朋友们，这位女士第一个上场，请你们配合！"

电视直播开始了，屏幕前的观众们睁大了眼睛，盯着这个穿裙子的胖女人，这个从来没有上过电视的人。

只见她拿着球拍，像任何一位第一次上电视的人一样，内心充满担心和恐惧。

观众们想：她将如何被教？

当时莫莉拿着球拍，不知所措地站在网球场上，茫然地盯着球网。这时戴维轻松地拿着球拍，走过来隔着球网对莫莉说："亲爱的莫莉，现在跟我学。不过有一点，请你不要去担心姿势和步伐的对错，不要一副竭尽全力的样子。其实很简单，当球飞过来，用球拍去接。接中了就说："击中"，如果球落到了地上，就说'飞弹'，就这么简单，好了，我来发球，你来接。"

莫莉稍微舒缓了一下紧张的心情，照着戴维的话去做，一副很无所谓的样子，反正不是"击中"就是"飞弹"，一切易如反掌。

负责直播的工作人员和其他19个人都看呆了，屏幕前的观众也一阵阵惊叹：天啊！她还真能接住球？

看到莫莉迈出了第一步，10分钟后，戴维叫了一分钟的暂停，对莫莉说："现在你开始留意球飞来的弧线，留意聆听球的声音，把焦点集中在球上。记住：现在要专心致志看球，不用顾虑别的！"

于是莫莉开始留意，而人们也看到，电视中的莫莉明显地击中的机会多了，飞弹的时候少了。

最后只有3分钟的时间了，戴维开始教练莫莉网球中最难的部分——发球。

只见戴维拍了拍手中的球拍，用兴奋的语调对莫莉说："亲爱的莫莉女士，你很聪明，现在剩最后一招了，发球！想想你是怎么跳舞的，哼着音乐也可以。闭上眼睛，想象跳舞的样子。然后睁开眼睛，随着那节奏发球！"

莫莉照做了，那一刻，所有的电视观众都看到了，在最后一分钟里，穿着桶裙的莫莉在场上跑来跑去，虽然很不方便，但是很自如地在打网球了！

人们为乔那高明的教练艺术而叹服，从此以后，乔·戴维的"20分钟学会网球"风靡全美国，而莫莉则由于这次精彩的"真人秀"而成为家喻户晓的人物。

"20 分钟学会网球"的故事里，有一点是超越网球的，那就是：绝大多数人习惯性地为自己找借口，"这件事太难，我从来没经历过，我简直不敢想象，我办不到，我做不好。"

多数人不是想着把要做的事一步步来进行，而是恨不能一步登天，一旦不能一步登天，他们就开始大踏步往后退。

其实，脚踏实地、一步一步来，这个过程，就是一架登天的梯子。

目标之所以遥远，是因为我们把它放在了至高无上的地位，似乎永远都难以企及。而聪明的人会将目标细化为若干个过程，分阶段去实现它。

这也正是戴维的教法：从无意地接球到有意地接球直到发球，每学会一步就离成功近一步，也离"20 分钟学会网球"的梦想越来越近。也因此，他一开始就告诉莫莉将注意力放到接球上而不是其他，当莫莉实现了接球的目标时，再接着进行下一个目标。

在这里，戴维其实还指出了一条成功的途径：一步一步来，并专注于目标全力以赴去实现它，你就能成功。

事实上获取任何成功，都不是一蹴而就的事，都需要采取循序渐进的方法。

许多人做事之所以往往会半途而废，并不是因为困难大，而是与目标看起来距离较远。所以他们不是因为失败而放弃，而是因思想倦怠而失败。正是这种心理上的因素导致了失败。

如果把长距离分解成若干个距离段，逐一跨越它，就会轻松许多，而目标具体化可以让你清楚当前该做什么，怎样能做得更好。

在一次国际马拉松邀请赛中，名不见经传的日本矮个子选手山田本一出人意料地夺得了世界冠军。两年后，他再次夺冠。

人人皆知，马拉松赛是体力和耐力的运动，他凭什么取得如此惊人的成绩呢？

10 年后，谜底终于揭开了，原来他是将目标分解了。他说："每次比赛开始的前两个星期，我都会乘汽车观察比赛路线，记下一些比较醒目的标记，譬如路边的一个银行、一座商店或一条小溪等。比赛开始时，我便奋力向第一个目标冲去，第一个目标到达后，再以同样的速度冲向第二个目标……直到终点。"就这样，很长的一段赛程被他分成若干小段，然后再各个击破。而有的人把目标定到 40 多公里外终点的旗帜上，跑到十几公里时就被那遥远路程给吓坏了。

人生就是一场漫长的马拉松赛，只有把精力集中在脚下，走好脚下的每一步，才会成功。"循序渐进"的原则对山田本一起了重要作用，对普通学生也具有同样的意义。

在这个世界上，有谁登山时可以一步到顶呢？有谁初学滑冰就可以做出花样滑冰运动员一样优美的动作？

没有，都没有。

所有的目标，都是基于一段又一段小目标而实现的。

那么教师应该如何引导学生"循序渐进"地实现目标呢？

1. 让学生明白：世上没有一步就能登天的梯子，也没有一步就能爬到山顶的路。

任何目标，如果举手即可得，张嘴即可来，这种理想其实根本就不算是目标。

2. 为学生指出一个可行性目标，并分阶段去实现

如果给学生确立的目标是客观事实上的不可能，那它就不能实现。例如，珍妮的学习成绩一直为 D，但老师却想激励她在一个月后的期中考试中得 A；丹妮丝双腿残疾，老师却希望她今后在 10 秒之内跑完 100 米等，这明摆着是不现实的。这就要求你为学生确立的目标应该是可行的，符合实际的，在这个基础你再引导其进行目标分解，才能最终实现它。

3. 引导学生把目标落实到具体计划上

要让学生认识到，只有将目标进行阶段性划分，并且逐步实施，才会有实现目标的时候。否则，想成功会很难。

美国著名作家赛瓦里德说："当我放弃我的工作而打算写一本 25 万字的书时，我从不让自己过多地考虑整个写作计划涉及的繁重劳动和巨大牺牲。我想的只是下一段，不是下一页，更不是下一章如何去写。整整 6 个

第四章　优秀教师之理想激励

月，我除了一段一段地开始写外，我没想过其他方法。结果书自然写成了。"

很多时候，即使你给学生指出一个合适的目标，然而，多数学生都没有真正地牢记目标并一步一步地去奋斗。这就需要教师的不断监督与鼓励，避免学生们的目标仅限于纸上谈兵。

4. 让学生认识到计划并不是特别顺畅的

这就好比上山的路，当爬到半山腰时，有可能会遇到狂风暴雨，有可能会发现路途变得不通，这即是所谓的计划不如变化快。

在这个时候，缺乏人生经验的学生们往往会有退缩、疑虑的表现。这时需要老师适当地帮助他们改变计划，完善计划，是该继续按原计划向前呢，还是另寻一条路继续走，或者说是先停一停，待雨后再走。

一只毛毛虫要想变成蝴蝶，不是一朝一夕的事情。一步一步地来，一滴一滴地来，一个脚印串起一个脚印，其终点必然是美丽的远方。

成功的花，人们只惊慕她绽开时的明艳。殊不知她当初不过是一个小的花芽儿，在浸透了诸多奋斗的泪水，洒遍了诸多的心血后，才有了今天的灿烂！

不积跬步，何以致千里。成功的路是要一步一步积累的。

只有在过程中倾注专一，倾注毅力，成功的目标才能如花般绽放。

与其时时遥望目标，望而生畏，进而仰天长叹，失去奋斗的信心和量气，倒不如叫学生们轻装上阵，一步一步地，直到游到成功的彼岸！

第四节　帮助学生克服困难

人生在世从来不会一帆风顺，在我们前进的路上总会有崎岖坎坷，总会有困难挫折，当我们面对困难和挫折的时候，每个人都会有自己的意见和观点，有自己的做法和选择，但是不同的程度，不同的对待方式会带来完全不同的结果，于是在经历过困难和挫折之后，人们的命运也会出现巨大的差异！

自莘莘学子踏入校门伊始，就注定了这是一条要付出汗水甚至洒下泪水的路。走这样的路，最容易生出懈怠之心，时不时会生出换条路，甚至走走下坡路的想法。

作为老师，我们要想让学生十年如一日地、不懈地前进，就必须认真帮学生渡过难关，不应单纯地责怪学生"没用"、"笨"，那样只会适得其反，不是教育的最终目的。要想让学生持续地保持旺盛的斗志，就要和学生共同努力，与其一起克服困难，在他上坡时，用力推他一把。

安徽师范大学附属中学张大水在教坛颇有知名度。他从教十多年，每次接手新的班级，都要认真细致地阅读学生学籍表，记住学生的相貌，尽可能地多了解学生的情况。与学生见面时，张大水都能基本正确地叫出学生的姓名，说出他们的大致情况。

平时，张大水坚持换位思考，坚持设身处地为学生着想，坚持以平等的身份对学生进行教育。久而久之，学生与他无话不谈，视他为朋友、父亲。而对于一些情况特殊的学生，张大水常常予以特别的关爱。

曾经有一位名叫王娟的女生，学习成绩一直不错，在全年级排在前10名，是一位难得的好学生。

可是，忽然有一段时间，张大水发现王娟有些不对劲，以前在课堂上挺活跃的她，现在总是"沉默是金"，很少发言，还老是走神。慢慢地，王娴的学习越来越差，甚至有几次连作业也没按时交上来。特别是四月末的考试，王娴居然有两门课不及格，而以前的考试中，王娴的这两门课成绩从来没低过90分。不仅如此，据别的任课老师反映，有好几次上课都没发现王娴的身影。甚至王娴还曾和同学私下谈心时，表示过有退学的打算。

"奇怪，这可是少有的事啊！"张大水暗想："出什么事了？要知道现在正处于初中三年最关键的一年——初二，如果这个时候落伍，那王娴以后的人生路可就难走多了。"

张大水经过多方了解，才知道：前阵子，王娴的父亲患癌症不幸逝世了。

张大水万分自责，深恨自己了解得太晚。现在，面对这个缺少父爱的学生，为了弥补他的遗憾，张大水决定拼力一试。

他将王娴叫到办公室，说道："我是你的老师，但是，我希望从今以后。你能把我当成你的父亲一样看待，有什么话，有什么困难，请千万要跟我讲。作为班主任老师，我愿意在学习上、生活上、经济上给以你全面的支持。我会把你当成我自己的亲闺女一样看待的。"

王娴惊讶地看着张大水，她几乎不相信自己的耳朵。

张大水叹了口气，道："我之所以要这么做，只是希望你不光在过去和现在叫我老师，我还希望在将来，你离开学校后，还能叫我一声老师！"

王娴的眼泪立马如开闸的水一般，冲了出来。

这之后，张大水几乎每个星期都要找她谈心，在学习上予以指导，在生活上予以关照，三年如一日的关爱，使王娴终于调整好了自己的心态，将全部精力都投入到了学习当中，并以高分顺利考入高中部，其后又以高分考入中国科技大学。

直到今天，王娴还经常以"学生女儿"的名义给张大水写信，以表达她对这位比父亲还要亲的师长的感激和热爱。

在信中，王娴写道："正是由于张老师的关爱和帮助，才使我最终战胜了困难，并从困难中走了出来。如果说，是父亲的去世使我跌入了人生的低谷的话，那么，扶着我爬起来，并一步一步地从背后推着我迈过这道艰险的陡坡的，就是我敬爱的张老师！"

学生在前进的漫漫过程中，总会遭遇到方方面面的困难和阻力。这也是摆在我们教师面前的一个不容忽视的问题：究竟怎样才能更好地引导学生走出迷途？

或许，张大水的磊落行为，就是我们的最佳答案！

对于一个十来岁的稚嫩少女来说，父亲去世当然是个极大的打击。

大多数老师在面对学生这种信心丧失的情形，往往会来一次"疾风暴雨"般的严厉教导，或三令五申或苦口婆心一番。但实际上，这些方法见效并不大。他们反而会认为老师只知管教却不懂人情，不懂他们的苦衷。

于是，表面上你那一阵疾风暴雨把他的"火苗"熄灭了，一转身却又来一阵风，那根植于学生心底深处的错误的想法和做法会来个死灰复燃。

其实，学生也想前进，也想学会坚韧，但他们却又偏偏在稚嫩中夹生着青春少年特有的叛逆和个性。他们不喜欢老师粗暴的教育方法，但却理解老师，从理论上知道老师这么做是对的，但从感情上，他们却接受不了。

从这点上分析，我们可以得出这么一个结论：如果你想让那些处于矛盾中的学生们回心转意，让他们乖乖地听你的话，你就得在与他们沟通时做到入情入理，做到体贴细微，做到他上坡时，你必须用力推一把而不是只顾在旁边高声喊叫"加油"。案例中的张大水"几乎每个星期都要找她谈心，在学习上予以指导，在生活上予以关照，三年如一日的关爱"就是明证。

我们都熟悉大禹治水的故事。大禹是采用"导"的方法才制服了凶猛洪水，而在他前边，包括他的父亲都是用"堵"的办法去和洪水较量，结果一个个都败下阵来。这就好比是老师教育那些想上坡却又没有太多的力气上坡的学生，你推他一把，就相当于"导"，你只顾疾风暴雨地痛斥，就相当于"堵"。而最终谁胜谁败，我们自然是一目了然。

第四章 优秀教师之理想激励

也因此，当学生在爬坡时，我们当老师的就该站在学生的角度上思考一下：我们是该堵还是还导？是该推一把还是该在旁边大喊"努力呀"？如果选择导，如果选择推他一把，那我们又该如何去导，如何去推？

也许，我们可以从以下几个方面去解决这个问题。

首先，用"爱"去点燃他们心中希望的火花。

"爱"是最神圣的，是春天的甘露，能抚平他们心灵的创伤。"爱"学生，就是要尊重学生，尊重学生的人格，爱护学生的自尊心，用爱去融化他们心中的"顽疾"。对待有困难的学生，教师要用慈母一般的心肠去体贴他，用火一般的真情感化他，善于发现每一个学生的兴趣、爱好、特长和长处，对他身上的闪光点，对他的微小进步，要倍加珍惜，使那些微弱的火花点燃起来，增强他前进的信心。

其次，要仔细分析问题产生的根源，对症下药。

很多教师一旦发现学生们有不好的苗头，往往习惯于采取高人一头的办法，极力进行干涉压制，表面上学生被你训得一声不吭，实际上学生心里往往不服气，甚至生出逆反心理。

遇到这种情况，我们应从学生的心理入手，和学生做朋友，以平等的姿态与学生对话，了解他们内心的真实想法，或者从其他渠道了解清楚具体事由。看看是个体心理原因，还是家庭的原因，还是学习诱发原因，或是主观评价原因，然后再视不同原因采取合理的对策。

再次，正确引导，不能一味地堵，要变不利为有利。

如果是压力过大所致，则可考虑放开"缰绳"，为学生松松绑。如是教师从前的教育方法不对，则要自我检讨，找最佳切入口，用"情、理、导、引"的方法重新作引导。如是学生信心不足所致，则要设法帮助他树立信心，扬起自信的风帆，要坚信"花蕾一定会开花！"

最后，充分信任学生能够克服困难。

心理有障碍的学生总觉得某些方面低人一等，前途渺茫，有自卑情绪。教师信任学生，就是相信他一定能克服困难，一定能进步，对他有十足的信心。教师若能在说理过程中充分体现出对学生的满腔热忱，充满信心，充分地信任，必然在学生的自卑心理上引起强烈的共鸣。这不仅能有效地消除他的自卑心理，而且也增强了师生感情，对建立和谐、融洽、活泼的氛围大有益处。这种信任，会使学生产生得到承认的慰藉，消除对老师的猜疑和对抗，促成双方心理相容，进而以积极的态度去接受精神雨露的浇灌。

特别注意的是，教师要力求合力，让家长、同学都来协助你的教育工作。

第四章 优秀教师之理想激励

经典案例

吴正宪是庞各庄第一中心小学四年级（二）班的语文老师。

有一次上课，一名男学生答对了一道比较难的问题，该生平时的成绩不太好，吴老师为了鼓励他，便在班上表扬他，还发给他一张小贴画作为奖励，同时也是在侧面激励其他学生勇于思考、积极回答问题。

但就在那个学生拿到小贴画的时候，有一个成绩不好的男学生生气地说："你贴在哪？我下课就给你撕下来！"

还没等吴老师反应过来，另外一名成绩不好的学生也说道："有什么了不起的呀！不就一张小贴画嘛！看把你美的!"

两名学生的话，使良好的课堂气氛被打破了。

吴老师非常震惊，也很生气，但更不理解：为什么别人表现出色时，他们就很生气呢？有什么理由要去生气呢？是嫉妒吗？难道小学四年级的学生就已经有嫉妒心理了吗？学生那么小，我又该如何培养他们的健康心理呢？

吴老师毕竟有多年的教学经验，同时又是一名优秀的教师，他及时稳住自己的情绪，转身在黑板上画了一条线。

画完线后，吴老师平静地说："同学们，请你们运用自己的聪明智慧，看看谁有办法在不擦掉这条线的前提下，使它变短。"

全班立刻安静下来了，学生没有了声音，都在进行思考。

过了一会儿，班长首先发言："老师，我用纸把它盖住！"

吴老师反问他："那它变短了吗？"

班长摇头。

过了5分钟，又有一名学生说："老师，那我把它划掉！"

吴老师微笑着问："那它变短了吗？"

大概20分钟过去了，还是没有一名学生答对。有些学生急了："老师，如果不擦掉就无法变短的。"

吴老师微笑地摇摇头并坚定地说："不用擦掉，有办法使线变短。"

于是，吴老师画了一条更长的线。相比之下，第一条线瞬间显得短小而微不足道。

这下，有的学生突然就明白了："噢！原来是这样啊！"

接着吴老师把话题一转："同学们，当别人进步的时候，你能阻止吗？当别人成功的时候，你能拿走属于他们的荣耀与喜悦吗？不能！自尊心强不是一件坏事，它可以使我们不断进步、不断成功、不断超越。但是，请不要去嫉妒别人。如果你非要去嫉妒不可，那老师先请问：那样做有意义吗？那样做会使别人落后了吗？那样做能使自己进步吗？但至少有一点是很肯定的，那样做会使你非常生气，使你心情非常不好，还显出你很小心眼的样子。与其不开心，何不通过自己的努力付出换来进步呢？要想超过别人，我们只有比别人做得更好。"

吴老师看见学生们听得很入神，刚才那两名学生脸也红了。他趁热打铁接着给他们讲一个故事："西方有一个拳击手，距世界拳王的称号只差一步之遥，但在一次惨败后，他的梦想破碎了。他找到当年的恩师倾吐苦水，说如果他打败了那个人，那么他就是世界拳王。可他的师父却一直没有说话，最后他问恩师为什么一直不理他，他的恩师说：'其实打败你的人不是他，而是你自己。你只想着如何找到对方的弱点去进行攻击，可却没有想到如何使自己变得更强，如何使自己的弱点不暴露给别人。要想超越别人，就要先超越自己；要想打败对手，就要先使自己变得更加强大。'听了恩师的教诲，他不再发牢骚，开始了比从前更加刻苦地练习。最终他如愿以偿，夺得了世界举王的称号。"

讲完了故事，吴老师停顿了一下："同学们，请希望别人很出色吧！那样的话才值得你去超越，当你超越了别人，才证明你是更出色的。"

听了吴老师令人振奋人心的话，学生们异常激动与兴奋。那两名学生自动站起来，说："老师，我再也不这样了，我要达到自己的目标。""老师，我不嫉妒别人了，我要自己努力，比别人更强！"

从此以后，班里再也没有发生那样的事，学生们的学习劲头比以前更加足了。

第四章　优秀教师之理想激励

第五章
优秀教师之奖惩激励

　　奖励是对学生或学生集体优良的思想言行给予肯定和表扬；惩罚是对犯有错误的学生给予适当的处分。奖励和惩罚都是思想品德教育的手段，有助于激发学生的荣誉感或羞耻心；有助于他们分清是非，明确努力方向，发扬优点，改正错误，也有助于维护学校的纪律和规章制度。奖励和惩罚是教学中的一种辅助手段，它属于外加的激励作用。当学生对学习没有自发的内在动机时，教师常用奖励或惩罚的办法来加以激励。但是这两种方法的使用正确与否十分重要，需十分慎重，否则难以达到预期的效果。因此，教师要掌握奖励和惩罚的正确方法，这样才能更好地激励学生。

第一节 用表扬激励学生

有这样一句话："不是聪明的学生常受表扬，而是表扬会使学生更聪明。"

的确，老师及时而适度的表扬往往是促进学生转变和前进的催化剂，它会使学生尽力将事情做得更好，更重要的是使学生自此树立起了自信心和责任心。

赫洛克曾经以 106 名四五年级学生为被试对象，要他们练习难度相等的加法 5 天，每天 15 分钟。

他把被试对象分为 4 个组：

第一组为受表扬组，不断受到表扬。结果成绩扶摇直上。

第二组为受谴责组，经常受到责备。刚开始，这些责备还起点作用，后来就"疲"了，成绩就持续下降。

第三组为被忽视组，只是在一边静静地听前两个组所受的表扬和谴责，自己既得不到直接的表扬，也得不到直接的谴责。结果成绩比前两个组都差。

第四个组为控制组，既不给予任何表扬和谴责，也不让他们听到对前两个组的表扬和谴责。结果成绩最差。

由此，赫洛克得出结论说，人都是渴望表扬的，人在受到表扬时，神经活动加快，思维更加灵敏，做事的效率也更高。

学生也不例外，得到老师的表扬、肯定，就情绪饱满，奋发向上。

一名优秀的老师应该细心地观察学生，对于他们的点滴进步和微小的成绩都要及时、热情地给予肯定，使他们产生一种愉悦感。

当学生帮助了别人时，别忘了翘起你的大拇指称赞："你真有爱心！"

当学生义务劳动时，别忘了翘起你的大拇指称赞："你真能干！"

当学生取得了点滴进步时，别忘了翘起你的大拇指称赞："你是好样的！"

当学生克服困难或解决了难题时，别忘了翘起你的大拇指称赞："你是最棒的！"

不要担心这一声声的称赞会令学生骄傲，我们应该相信，表扬是促使学生进步的金钥匙。

在我们毫不吝啬地把微笑洒向学生，把表扬送给学生时，我们一定会惊喜地发现，我们的学生变得越来越懂事，越来越自信，越来越能干了！

表扬绝不是"包治百病的灵丹妙药"，但至少是一帖"良药"。多给一些表扬，学生将会长久地沐浴到阳光的灿烂。但有时，教师们往往忘记了他们的表扬对于学生是多么重要。

盖杰和伯令纳曾在《教学心理学》一书中指出："表扬是一种廉价的、最易于使用且最有效的，但是也是最容易被人们忽视的激发学生学习动机的方法。

一个教师从不对学生说一句好话，这种行为是不可原谅的，是罪恶的！

我们应该明白，人总是有向上、向善的天性，但是由于心理、环境、教育等多种原因，人的这些激情、灵感、上进心、积极性、创造性等往往处于抑制状态。

作为老师应该帮助学生树立起自信心，鼓起学生的勇气，去唤醒处于抑制状态的主体意识，去开发这股沉睡着的力量。

如果我们学会了表扬孩子，悉心地保护他们学习的积极性。培养他们的求知欲，那么，他们也一定有可能脱颖而出，成为出类拔萃的人才。

曾经有位学生考试考差了，回到家里，父亲问他："成绩怎样？"

儿子很难为情。

父亲又问他到底怎样？

儿子怯怯地说："很糟糕"。

父亲想了想问："不会是最后一名吧！"

"确实是最后一名。"儿子说完，等待着"暴风雨"来临。

没想到，父亲喜笑颜开地扶着他的肩膀说："祝贺你，在以后的日子里，你肯定只有前进，不可能再有后退了。"

儿子惊诧不已，转而泪光闪闪。

这位父亲虽然不是教育者，却算得上是"教育家"，因为他让儿子感到前途一片光明。

纵观古今中外众多的教育家，纵使他们个性各异，但他们在教学上却有共同特点，那就是多表扬学生。

我国古代最伟大的教育家孔子就是"乐学"——即愉快教学的积极倡导者。他一向善于表扬学生，即使批评学生，也言语友善，从不伤害学生的自尊心。有人统计，在《论语》中，有关孔子表扬学生的记载共有17处，批评只有6处。

正因他多表扬，多肯定，勤于创设愉悦的教学情境，众人都十分乐意向他请教，甚至慕名千里而来求学，以至弟子遍布天下。

据说，在澳大利亚学校，老师每天必做的一件事就是对学生进行至少一句真心的表扬，而学生每天必须做的一件事就是每天对一个同学说上一句由衷赞美的话。

他们的教室墙壁上贴有学生的照片，附言全是赞扬性的话，如：贝克同学真帅、作业真棒，杉拉同学擅长小号、是小号能手等等。

美国的教育学家詹姆斯认为，一个没有受过激励的人仅能发挥其能力的20%～30%，而当他受过激励后，其能力是激励前的3～4倍。

作为一名优秀的教师，应当学会运用表扬来激励学生，但在激励学生前进的同时，我们不应忘记：

1. 表扬重点是行为而不是人格

心理学家认为，从小培养学生独立自主的人格是非常重要的。如果教师和学生交往时经常就一些小事任意涉及他们的人格，就会使学生认为自身的价值必须依附在他人给予的赞同、不满等评价上，影响他们整个身心的发展。

请比较下面的实例：

正例：

这篇作文的水平很高，它对中学生的心理有深刻的描绘！

最近你的作业做得很认真，字迹也端正了，我会在学生联系册上告诉你的家长。

反例：

老师觉得你很了不起，文章写得这么棒！

最近我认为你变成了个好孩子。

同样，在课堂上面对着全班学生时，老师不应该对一些能正确回答问题的学生随便说："很棒！很聪明！"因为其他未能回答出问题的学生一听后很可能会感到自己"很差、很笨"。

这时一般的口语策略通常是："不错、正确、答对了"等中性词语，这些词语没有附带对学生人格的评价，教师可以放心使用。

2. 表扬要及时

当学生在某些方面表现出色、有进步、有改变时，就应当及时予以表扬，以满足学生渴望获得被老师和同学肯定和欣赏的情感心理，使其不断产生追求进步的动力，否则时过境迁，再表扬时可能收不到良好的效果，甚至会产生消极的作用。为此，教师在发现某个学生有进步时，除了在周记中肯定学生的进步外，还非常及时地利用早读时间或者其他时间，总之是在"第一时间"对有进步的同学予以表扬，同时号召全班同学向他学习，在改正缺点或错误中不断进步。

3. 表扬不能太廉价或过度

教师太廉价或过度的奖励和表扬经常会起反作用，这是因为：

（1）会使学生觉得老师不是真心的，而只是一种惯用的手段。

心理学告诉我们，如果一种刺激持续时间太长，人们就会因为"适应"的缘故而变得不再敏感。因此，教师虽然说不上必须"借褒如金"，但也应该适当注意奖励和表扬的"发行量"，从而保证你说话的"含金量"。

（2）如果老师对学生的一些好行为感到太惊讶，学生会理解为反面的不良行为也不会很严重，而且这类行为很快就会发生。

优秀教师的激励方法

试看这样的表扬：

谢小强今天非常好，20分钟里都没说过一句废话。

那么，30分钟后，可能有很多同学开始说废话。

（3）心理学认为，老师大多赞美他所期望的行为，则隐含着他原来正期望着相反的行为可能会发生。特别是一些正处于逆反心理状态较严重的年龄阶段的学生，经常会想找个借口与老师"对着干"。

4. 表扬要因人而异，随机应变

如果发现你对学生的奖励或表扬不能加强学生的良好行为，那么就应根据学生的个性特点试着改变一下你的语言策略。试体会以下几种语言：

（1）我发觉你已经非常尽力，但效果要慢慢才会显出来。

用于那种能力不强、心里想改进，而心理敏感度又较高的学生。

（2）继续努力，加油干吧！相信你下学期一定会在班级里崭露头角的。

用于那些有潜力，但对自己要求不高或自信心较差的学生。

（3）我认为你虽然是年级中的优秀者，但还应到区里去比试比试，不知你会不会名列前茅？

用于那些聪明、好胜心强，又很容易骄傲自满的学生。

5. 不随便比较学生

教师要发现每个学生的独特之处，让他们根据自己的个性和特长来健康发展。并且要让学生明白，每个人都有自己独一无二的优点。而不能动辄就把学生互相比较。"人比人，比死人"，什么事都让学生互相比较，是很一种拙劣的教育手段。在奖励和表扬学生时也同样必须遵循这个原则。

正例：

你的手工课作业做得真好，我想你一定花了很多心思，老师真喜欢你的作品！

反例：

你的手工课作业完成得真好，全班无人及得上你！

遗憾的是，我们经常看到的却是类似下面这样的情景：美术课上，颇感失望的教师"总算"看到了一位学生的作业比较像样，就把这位同学的

作业高高举起，展示给全班同学看，同时大声对大家说："大家看看，这才叫在画画啊！再看看你们自己，简直都在糟蹋颜料！"于是，教师又成功地完成了一次"抬高了一个，倒下了一片"的"壮举"。

一位教育家曾经说过："既然到目前为止，我还没有发现有一个学生因为表扬过多而变坏的例子，就说明我们的表扬还不够。"

作为教育者，老师不能吝啬表扬，要学会慷慨地表扬学生。

"赠人以言，重于珠宝"，当老师把真诚的赞美流淌到学生的心田时，也许在你面前站着的便不再是丑小鸭，而是正欲展翅的白天鹅。

优秀教师的激励方法

第二节　给予学生物质奖励

　　教师在期中考试和期末考试之后，拿些小东西如钢笔、圆珠笔和本子作为奖品，奖给学生。每学期发两次，这种方法，对提高学生学习的积极性、激发学生学习自豪感很有好处。得奖品的学生劲头十足，没有得到奖励的同学期望值也很高，班级自然就好管理了。

　　那么，这种方法具体该怎样操作呢？我们先来看一位班主任的亲身历经。

　　我第一次发本子奖励学生是在初一上学期期中考试之后，对优秀的学生进行表彰。当时有些学生在下面小声说："那我们差生得什么呢？"我听到了他们的谈话，就对他们说："差生也可以得奖！"因为，教育的任务就是要激励全体学生奋发上进，让好生、差生都满怀希望地学习。随后，我马上提出在期末考试设进步奖，谁的进步幅度大，考试的分数增长得多，就奖励谁，取前五名。又有人在下面小声说："六名"好吧，六名就六名，并且奖项还增设了关心集体奖、文娱积极分子奖、卫生积极分子奖、遵纪守法奖和优秀班干部奖。每学期两次奖励，中奖覆盖面达全班的80%。

　　为什么要把奖励面控制在80%，而不是人人有奖呢？这里有个经验。留20%的人不发奖，可以产生促进作用。那20%是个什么概念？也就是说，如一个班的总人数是50个人，20%就是留10来个人没有奖励。这个数字很有用，没有中奖的人多了，大家都有种疲倦麻木感，起不了促进作用。又不能够太少了，如果只有一两个人没有得奖，保准明年流失的，就是去年那没有中奖的一两个学生。为什么呢？他在这里坐着没有味道啊，伤害自尊啊！同时家长也觉得没有劲，这样起不了促进作用，反而打击了学生上进心。留下这10来个人没有奖，但是大家又都渴望有奖，这样就在班级中形成了一种人人自危、个个争当上进的良好局面。具体操作如下：

期中考试后，平均分过了80分的学生就获优秀奖（对学生的要求不要太苛刻，不要求门门超过80分）。所发的奖品，首先要注意适用性，既要精美，又要经济。学生拿到奖品后，可以用来记笔记，或者做练习，千万不能买只能用来锁进抽屉的奖品。要让学生天天看到它，

天天给学生以学习的动力。本子的扉页上写道：奖给×××，优秀奖，注明日期，盖上公章。考试完毕的一个星期之内颁发。

进步奖产生的方法是期末的总分减去期中的总分，得出差，看谁的进步幅度大，取前六名。在这里要注意的是，进步奖只看进步幅度不看总成绩。这样，每个差生都可以轮流"坐庄"，机会人人均等。每个学生都可以通过自己的努力取得奖项，以达到激励全体学生进步的目的。

对于成绩差、进步不大的学生，如果不鼓励一下，会使他们感到在班上生活得没有意思。你就应留心观察一下，这样的学生中有大扫除很卖力的，对班上的事很关心的，挑几个出来，设个关心集体奖，鼓励一下，目的是让全体学生都感觉到有奔头。

你的班干部，辛苦了一学期，发个本子奖励一下，使他们觉得有干头。只要平时工作没差错，都要奖励。

特别要强调的是：一定要在扉页上写道："奖给×××，进步奖"、"关心班集体奖"或者"优秀班干部奖"，注明日期，盖上公章，缺一不可，奖品要随成绩单一起发下去。这样的做法，有没有效果呢？我说很有效。我带的2006年毕业的那个班，在初一、初二两年四期里八次颁奖，对班风的形成起了很大的作用。

初一上学期期末，差生王蔚获得进步奖。他喜出望外，感激地说：有了这个"回家可以不挨打了，因为我进步了"。他可以把我发给他的奖品作为防止挨打的盾牌，当一个学生感激老师的时候，有什么教育不能实施下去呢？

进步奖取前六名，不是因为6是个吉祥数字，而是我对初中班主任工作进行量化研究的结果。我曾经把进步奖缩小到取前三名，听到一个差生说："反正得不到奖的，去玩啊！"意识到自己太吝啬了。我又曾经把进步奖

扩大到取前八名，颁奖时看到差生莫名其妙的眼神。意识到他没有努力，我滥奖了。取前六名，效果最好，我欣喜地看到，那些差生为了争那个小本子，在暗中较劲。一个班出现了这样的现象，给班主任的教师少了多少麻烦啊！

这位聪明的班主任通过巧施物质奖励的方法，取得了良好的效果，值得借鉴和学习。

那么，设置物质奖励应该注意些什么呢？

1. 不要吝啬奖励，不要只重奖前几名，其他不奖。须知你的教育对象是全班学生，而不只是前几名。你的教育任务是鼓励全体学生，当奖励只跟前几名优秀学生有缘，而与大多数学生无关时，奖励就成了后者可望而不可即的事，大部分学生就会麻木不仁，我行我素，给你的教育增加麻烦。

2. 要及时奖励。期末考试之后，懒洋洋地说："算了啊！下学期开学再奖励吧"。殊不知你的学生正急切地盼望奖励，以便向父母报喜，你却给他以失望，冷了学生的心。当学生把这件事忘了的时候，你突然提出要奖励他，时过境迁，奖励的效果大大地打折扣了。要记住，趁热打铁才能激励学生的学习积极性。

3. 不能过于频繁。任何事做过度了，效果反而差了。过多的奖励会使学生失去荣誉感，使奖励失去应有的作用。奖励应该是点缀式的，偶尔来一次，不能什么都实行奖励制度，今天作业做得清楚，奖；明天考试考得好，奖，等等。奖励过多过于频繁，很容易产生负面效应，容易使学生产生这样一种心理；你不奖我就不做，我做了，你就应该奖励，把获取奖励当作是自己的目标。需要奖励的应该是那些一般难以做到，表现突出的、进步明显的行为。

4. 处理好物质奖励和精神奖励的关系

精神奖励是用以满足学生心理上的需要，如口头表扬、点头、微笑、掌声等；物质奖励则是满足学生的实际需要，如文具、玩具等。

凡是奖励都应把握一个度，物质奖励也不应例外。既不能认为"精神至上"，否定物质的作用，也不能标榜"物质至尊"，以免学生陷入"向钱

看"的误区。在管理过程中，要将物质奖励与精神奖励二者有机地结合起来，从而使激励达到最佳效果。

另外注意不要把奖品发给家长，因为学校的中心工作是教育学生，而不是培养家长。你把奖品发给家长，你的鼓励要通过家长间接地传给学生，其间能量的损失是巨大的。人都有荣誉感，我们要尽可能地满足人家的这种荣誉感。只有这样，才会使我们的教育工作变得轻松一些，愉快一些。

优秀教师的激励方法

第三节　运用语言激励学生

"良药苦口利于病，忠言逆耳利于行"，旨在教育人们要勇于接受批评。然而，"良药"大多苦口难咽，为此人类研究使用糖衣把药包起来，这样药效不减，吃药的人却便于服用。笔者认为，同理，忠言也不一定非得逆耳，如果言者讲究艺术，把忠言说得顺耳些，听者就不易反感，反而会得到意想不到的效果。

晏婴是春秋时期著名的政治家，他对国君知无不言，言无不尽，更深谙表达的技巧。在齐庄公当政的时候，有一次，庄公偶与晏婴下棋。一开始，晏婴一会儿功夫就吃掉了庄公不少棋子，占尽优势。之后晏婴连连用强猛攻，而庄公却一直稳扎稳打，最后，庄公竟然反败为胜，赢了这一盘棋。庄公不明白晏婴这位高手这盘棋为什么会下得这么差。晏婴说道："臣有勇无谋，输棋自然在情理之中。其实治国的道理和下棋一样，如今我们朝廷的政策，已经造成了国家的负担。"庄公大吃一惊，道："怎么会这样呢？"晏婴于是说："近年来，陛下您偏爱用一些孔武有力的大臣，滋长了这些人的骄傲情绪，于是他们蔑视文臣，欺压百姓，弄得国都内乌烟瘴气。如果一直这样发展下去，有才干的文臣得不到重用，官风民风越来越坏，国家必然会出乱子！"庄公虽然对这些状况也有所了解，但是，身为国君，他又如何能轻易接受一个臣子的批评呢？于是就强辩道："古代的国君，哪个不需要武力来定国安邦呢？"晏婴从容对答道："夏朝末年有大力士推侈、大戏，殷商末年有勇士费仲、恶来，这些人个个神力无边，万夫莫挡，可他们却阻止不了夏桀和商纣的覆灭。夏、商的灭亡不正是告诉我们，光靠武力而不行仁政，是行不通的吗？"庄公听完这一席话，沉默了一会儿，觉得晏婴说的的确是肺腑之言，也很有道理，于是就恭恭敬敬的表示赞同，并颁布政令，宣布从此废除残酷的刑罚和严苛的赋税，以仁政来巩固国本，让人民安心顺服，让文臣可以施展所长。

可见善意应体现于善言，体现于语言艺术，这才能收到动之以情、晓之以理的表达效果。一味追求逆耳、刺耳的忠言，再怎么恳切也很难让人接受。

当然，说话讲艺术、讲方法，并不是要故弄玄虚，而是贵在灵活，就像吃糖衣药丸一样，要灵活恰当地处理，不是乔装伪装，玩弄花言巧语。

在教育实践中同样存在这种情况。

经常看到一些教师为学生的不争气而烦恼：自己苦口婆心，学生却还是我行我素。对此，教师不禁摇头叹道："这些孩子怎么就不理解我一番苦心？我可全是为他们好呀！"

教师的"忠言"为何受到了学生的如此冷落呢？

我们先来听听一位教师对此的感触。

刚参加工作时，我也曾遇到这样的事。班上有位学生特别懒散，作业一贯马虎。我多次苦苦相劝，他仍是不改。一次，他的课堂作业又是草草了事，年轻气盛的我大为恼火，在全班同学面前对他大发雷霆，并且一怒之下撕了他的作业本。但接下来的情况却让我更失望——他干脆上课睡觉，作业甚至有时只字不动。正在我无计可施的时候，老校长建议我说，你不妨在批评时加点"糖"，换一种方式。我听了，心里暗自嘀咕：对这么一个顽固不化、劣性难改的学生，这一招管用吗？我半信半疑地照着老校长的话去做。从那以后，每次批改这个学生的作业，我都尽力从中发现他的一些微妙的可取之处，大加赞赏。比如，"今天的作业比昨天进步多了"、"你观察真仔细"、"你很会说实话"、"你写的字很有进步"，等等。真是出乎意料，这位学生在我刻意的、并不情愿的鼓励中悄悄地发生着变化。半学期下来，不仅作业情况大为改观，而且成绩直线上升，也乐意与我亲近了。这一切变化都令我兴奋不已！

这位教师的话不能不引起我们沉思：同是"忠言"，只是通过不同的方式表达出来，为何会取得如此迥异的效果呢？看来，"忠言"不一定要逆耳。"忠言"对人的成长与成材固然会起到不可磨灭的作用，但逆耳的

"忠言"对于心理发展还不够成熟的学生来说，很难让他们接受，一些偏激的言语反而易使学生产生逆反心理，在自暴自弃中更快沦落。如果我们在教育学生时能做"言忠"且不"逆耳"，那取得的教育效果岂不更好？这样，不逆耳的忠言最终激发了学生的积极性，何乐而不为呢？

这种"忠言"可通过以下几种形式表现出来：

1. 口头语言

教师在使用口头语言调动学生的积极性时，须注意以下几点：

（1）尊重学生

教师在和学生交谈时，要有意识地肯定对方的价值，提高自我的期望水平，强调学生的不可缺少性，促其产生自尊感。

（2）赞美学生

美国心理学家特尔福德认为，驱使学生学习的基本动机有两种：一种是社会交往动机，另一种是荣誉动机。基于上述两种动机，若要学生积极进取、刻苦求学，教师就应该毫不吝啬地赞美学生的各种优点。"教子十过，不如奖子一长"。教师应即时发现、表扬、开发那些微量元素，并努力扩大，公开在班会上赞美，达到培养其成材之目的。值得提示的是，在赞美学生时，要真诚、具体。

2. 肢体语言

在很多特定的情境下，如果老师能有效地运用好各种肢体语言来传情达意，往往比有声的语言更便捷、快速、有效。

例如，老师在上课时，看到学生在下面搞小动作，这时，老师可以有三种不同的处理方法：一是停下讲课，大声批评；二是假装没看见，听之任之；三是若无其事地走到该学生座位前，一边讲课一边用手轻轻拍拍学生的肩膀，从而制止学生的小动作，使其专心听讲，同时又没有打乱课堂的教学进程。无疑，第三种是最恰当的。老师用动作代替了口头批评，不费口舌、不动声色，也不影响教学，真可谓"经济实惠"的教育方式。

教师应利用与学生频繁的接触的优势，发挥肢体语言的激励功能。

在和学生沟通时，正确的姿势是：上身微微前倾，缩短彼此距离，两眼平视对方周围一带以示诚意，不宜凝视对方的眼睛，时而点头赞同，时

而提问补充，这样会使学生感到你在关心他的话题，从而使他谈起来更生动、更热情、更起劲。

教师在与学生交流思想的过程中，应恰当地运用各种表情，以加强口头语言的表现力、感染力，如表扬时笑逐颜开，批评时严肃认真，谈起社会丑恶现象时深恶痛绝，无声地激励学生弃恶向善。以教学为例，当学生起立回答问题时，教师以亲切期待的目光注视学生，面含微笑，轻轻点头，以示鼓励；微微摇头，暗示学生纠偏补漏，这就比有声的批评委婉得多，学生也容易接受。

3．书面语言

教师利用书面语言调动学生积极性，主要是通过操行评语进行的。古语说："良言一句三冬暖"，鼓励的力量是无穷的，一条让学生感动的评语其威力是无穷的，其影响是深远的。

美国一位普通教师海伦·姆拉斯拉在当班主任时，发动学生们互相找优点，然后依据自己的观察并综合同学们的观点，写了一份份热情洋溢的以赞美为基调的评语。"从来不知道别人会认为我那么好！"学生出乎意料，却又心花怒放。若干年后，海伦的学生马克战死在越南，人们在他贴身的口袋里找到一张纸条，那便是老师写给他的评语。在马克的葬礼上，昔日的学生告诉海伦："您写的评语被压在我写字台的玻璃下，被放在结婚的相册里，被夹在寸步不离的钱包里……"显然，海伦用心写就的评语感动了学生，并在他们人生道路上发挥着巨大而又恒久的鞭策和激励作用。

要发挥操行评语的这种激励功能，须注意的是：

（1）操行评语个性化，避免模式化，切忌千人一面。例如："你的文学潜能很大，语言表现力强，几乎每次都榜上有名……"，这就抓住了学生最显著的特性，突出学生的个性，肯定其自我，从而鼓励学生自觉的利用更高的标准严格要求自己。

（2）肯定学生的优点和进步为主。对学生的操行评定，要十分地肯定学生一点一滴的进步，挖掘学生的闪光点，以树立其自信心。对学生的缺点显然不能避而不谈，要抓住主要问题，提出希望，并相信改掉缺点不是很困难的，切忌罗列现象，历数毛病，主次不分。

（3）评语要具体明确。操行评定的文字要简明，语气亲切自然，用词准确得体，褒奖具体，批评婉转。学生看后，清楚地知道自己的努力方向，并从中获得进取的力量。

此外，评语涉及的内容要客观公正，全面深刻。只有写出学生的个性，才能给优秀者锦上添花，给中差者雪中送炭，才能达到育人之目的。学生才会爱不释手，阅之不厌。

第五章　优秀教师之奖惩激励

第四节　给予学生积极的评价

如何评价学生是教师的一门必修课，而要让你的评价发挥激励作用，就必须坚持对学生进行积极的评价。

尽管每个学生的聪明、智慧和天赋各不相同，但通过合适教育，每个学生都有可能学到这种或那种本领，获得某些知识，取得某些成绩。苏霍姆林斯基说过："没有一个孩子是毫无才能的庸碌之辈。""我坚信教育的巨大力量。"因此，我们必须尊重、信任学生，不轻易做出坏的评价。只有尊重学生，积极评价学生。才能培养学生的自信，焕发学生的学习热情，取得良好的教育效果。下面这个案例就是很好的说明。

这是一节四年级的口语交际课。这次的话题是"我看到了……"，旨在引导学生仔细观察事物，比一比谁的眼力好，同时，在观察交流中懂得：从不同的角度看事物，会有不同的发现和收获。同学们兴趣盎然地观察完第一幅图后，便迫不及待地进行了第二幅图的观察与交流。

第二幅图是大家非常熟悉的"人头花瓶"图，对我们成人来说，答案很简单：花瓶和人头。这也是班主任老师备课时的标准答案。

当陈老师出示这幅图后，没过几秒钟，就有学生举手，说看到了一个白色的杯子（也有的认为是花瓶）；有的学生看到了两个人头；也有的同学既看到了人头，又看到了花瓶。

于是，陈老师请看到两种图案的同学说说是怎么看出来的？

学生说："我把目光落在白色部分，就看到了一个花瓶；落在黑色部分，就看到了两个面对面的人头。"

看来，学生们解决此题如囊中取物。在学生介绍方法的基础上，陈老师又总结了几句："看来，要想看到不同的图案，目光的落脚点很重要。"

因为，她在备课中只考虑到了以上两种图案，所以，打算让学生观察第三幅图。正在这时，只见王晨宇把手举得高高的。很显然，他还想发言。

"难道他还有其他的发现吗？"陈老师不禁思忖道，"可这幅图明明只能看到两种图案呀！不管怎样，先听听他是怎么说的。"

为了表示尊重，陈老师就请他发表自己的观点。

他说："老师，我还看到了其他的图案！"

"是吗？"陈老师用怀疑的眼神打量着他。

"我看到了一个人顶着一个水盆"。

其他的同学一下子都没能找到："在哪里？哪儿有呀！"

一下子老师也没能发现，于是，老师请他到实物投影仪上指出来。

原来，他把目光落在了黑色的圆点上，这样，黑点以上为一个水盆，以下为一个人头（包含两肩），就像一个人顶着一个水盆。

经他这么一指点，学生们又一次兴奋地喊了起来：

"看到了！看到了！"

"你们不想对王晨宇说些什么吗？"陈老师抓住课堂中生成的教学资源，为学生提供了口语交际的最佳话题。

孩子们纷纷夸奖王晨宇的眼力好。

对于他的这一出色表现，陈老师也大加赞赏，陈老师说："王晨宇，你看到了大家都看不到的图案，说明你观察的视角与众不同，这就是创新。这也证明你有独立的思考能力，你真了不起！我看，这次比眼力的冠军非你莫属！"

听到老师的这番赞赏，一向内向的王晨宇眼神里充满了兴奋、喜悦和自信。

一听王晨宇得了冠军，其他同学可急了，他们都不甘示弱。于是，学生们再一次进入细心观察状态。教室里鸦雀无声，全班同学都很投入。没过多久，课堂上出现了许多精彩的答案：

"我把图画倒过来看，看到了一条裙子。"一个女孩子说。

"我把图画侧过来看，看到了两只鞋子！"一个男同学激动地回答。

"我把图画倒过来看，看到了一个穿着长袍，带着博士帽的博士。"看到这个图案的可是班里最内向、最不敢举手发言的女生。今天，她居然也发言了，而且非常精彩。

"我看到了骆驼的驼峰。"

……

学生们一口气说出了他们所看到的十多种图案。他们的潜能就在这一刻被激发了。更有意思的是，在陈老师看来，学生们快"弹尽粮绝"的时候，那个王晨宇竟兴奋地喊道："等一等，让我们再观察观察，可能还会有新的发现。"后来，他果然又有了新的发现。

这就是积极评价所产生的教学效果。

假如最初老师没有把机会给这个男生，没有用赞赏的语气表扬这个男生，也许，学生们也只能看到"花瓶和人头"两种图案。但今天，就是教师的积极评价，产生了神奇的效果，不但激活了学生的探究欲，而且让学生懂得了"从不同的角度看事物，会有不同的发现和收获"这个道理。更重要的是，学生们在课堂中通过自己的努力，体验到了成功的喜悦，享受到了求知的快乐。

我们都熟知的"皮格马利翁效应"，是教师对学生发自内心的赏识，才极大地激起了学生学习的热情，使学生从中体验到成功的乐趣。由此可见，教师合理的积极的教育评价，同样能起到重要的作用。

马斯洛的需求层次理论告诉我们，人的需要除生理需要外，还有更高层次的社交需要、受人尊重的需要、实现自我价值的需要等。中小学生虽然年龄小，但已经有较强的自尊心，随着年龄的增长，学生这种社会需要的内容与层次更加丰富，成为心理活动不可缺少的一部分。而作为教师给予学生的积极评价，给予学生的赞赏，正符合这一心理特点。

莱布尼茨说过："世界上找不到两片相同的树叶。"的确，每个学生个体虽是不成熟的，但都是一个多层次、多侧面的复杂的统一体。难怪有人说："有多少个孩子，就有多少个五彩缤纷的世界。"儿童由于年龄的特点，外在表现更是各不相同，但有一点是一致的：儿童心理的发展，特别是儿童健康心理的发展，离不开教师对他的激励。

著名教育家魏书生曾这样评价自己：我就这么点本事，把人家积极

优秀教师的激励方法

的、向上的、乐观的脑神经激发起来。有两个全校最差的学生进了魏老师的班。魏老师让他们先做一件事，每人找到自己的优点。他们说自己没有优点。魏老师说："不可能！我都已替你们找出两条了。"后进生对批评往往能非常镇静地对待，你给他说优点，他反倒脸红了。有个学生说："老师，我学不好的，只考了8分。"魏老师却说："你上课不听讲，又不做作业，也不看书，还能得8分，这是天赋哪！"学生听了很高兴，他的积极的、向上的、乐观的心理需求被激活了。

这正是我们的评价所要追求的境界。

评价学生是教师的责任，也是教师的权力。教师说出一句话，甩出一个眼神，做出一个动作，表示一种态度，对教师来说都是很容易的事，但是当决定说这些话，做这些事之前，是否想过带给学生的将会是什么，它可能引起的后果是什么？实际上教师对学生的评价对于学生能够产生多么大的影响作用，每位教师都应该意识到教师评价的作用不仅会影响学生的行为，而且会影响学生的内心，不仅会影响学生的一时，有时甚至会影响他们的一生。为了对学生负责，为了对我们下一代负责，请千万要谨慎，慎重使用手中的评价权。那么在课堂教学中应如何评价学生呢？

1. 评价要全面客观

评价要做到全面与客观，首先要有一个正确的人才观和质量观。看一个学生，不能只看他的学习成绩，还要看他的学习态度；不仅要看他的学习态度，而且要看他的学习方法；不仅要看他的学习方法，而且要看他的学习习惯和心理状态。其次是收集信息要全面、客观，要全面了解情况，要防止"第一印象"、"晕轮效应"等认知偏差的干扰，不要仅凭一两次测验分数做出最后的结论，甚至形成对人的偏见或成见。

2. 评价要以鼓励为主

对学生进行评价的目的是为了帮助他们更好地发展，因此，评价方式必须服从评价目的。通过教师的评价，要能够增强学生的自尊心、自信心，激发学生发展的主动性与自觉性，鼓励他们不断上进。教师鼓励性的评价可以通过言语、表情、行为等多种方式来体现，即使在运用分数这一传统方式进行的评价，也可以充分发挥其鼓励作用。

3. 评价应富于变化

教师课堂评价语言不能单一，不能老套，左一个"你真棒"，右一个"你真棒"，学生听后肯定感到腻烦。反之，评价语言灵活多样、随机变化、注重创新，学生就想听、爱听、听不厌烦。这就要求教师在课堂上要机智敏锐，收放自如，学生兴趣盎然，主动参与，师生间妙语连珠，精彩迭出，会使课堂充满了生命的活力。

比如教师对学生的激励性评价有：

（1）你是一个勤奋好学的学生，你今天的表现就说明了这一点。

（2）你在学习上这种尝试精神很可贵。

（3）你的进步可真大，老师为你感到高兴！

（4）你是一个有志气的孩子，今天的作业就说明了一点。

（5）你的回答真棒！老师为你高兴，因为你在不断进步！

（6）要经常对学习较吃力的学生说："老师相信你经过努力一定能行！"

（7）你的观点很新颖，这种想法真独特，你的创造性观点，让同学都受益匪浅。

（8）你很勇敢，第一个举起手来，说错不要紧，关键是敢于发表个人见解！

（9）老师看得出你正在积极思考，说错了也没关系，能大胆举手就是一大进步。

（10）你和同学们赛跑得了第一，老师相信你的学习成绩也会像你们赛跑一样得第一的。

4. 适当的高于现实评价

在学生的"做"与"学"的过程中往往会出现与客观标准有一些差距或较大的差距的情况，在经过努力后，还不能有明显的进步，这时极易产生"追求疲劳"，自信心减弱，自尊心"麻木"。教师应适当地采用能够增强学生的自尊心、自信心，激发学生的主动性和自觉性，鼓励他们不断的上进的评价方式，合理地运用鼓励性评价，如果学生在原有的基础上有进步（或就学生在做的过程中有正确的方面），要及时地给予肯定性的评价，这种评价要适当高于学生的实际水平，以起到积极的作用，实现促进学生发展的意义。另一方面，应注意这种高于实际水平的评价又要符合学生的实际要求，这样才能使学生们易接受，有信心获得成功。

总之，积极的评价在教育活动中，可以起到促进的作用。学生能从教师各方面评价中，学会正确认识自己，体验到成功的快乐。

因此，教师一定要学会积极评价学生。

第五章　优秀教师之奖惩激励

第五节 在批评中激励学生

著名作家毕淑敏讲过这样一个故事：

一位名叫黄喜的相国，微服出访，路过一片农田，坐下来休息，瞧见农夫驾着两头牛正在耕地，便问农夫："你这两头牛，哪一头更棒呢？"农夫看着他，一言不发。等耕到了地头，牛到一旁吃草，农夫附在黄喜的耳朵边，低声细气地说，告诉你吧，边上那头牛更好一些。黄喜很奇怪，问："你干吗用这么小的声音说话？"农夫答道："牛虽是畜类，心和人是一样的。我要是大声地说这头牛那头牛不好，它们能从我的眼神手势声音里分辨出来的我评论，那头虽然尽了力，但仍不够优秀的牛，心里会很难过。"

这则故事十分形象地告诉我们，在运用表扬和批评时，一定要讲究方法和艺术，注重效果。表扬和批评都是激励先进、鞭策后进的方式手段，目的在于调动积极性、激发上进心。表扬和批评相辅相成，从正反两个方面，作用于目标对象，催人奋进，教人争先。表扬好比是热敷，批评就像是冰水，彼此的温度不相同，但都是疗伤治痛的手段。批评往往能使人清醒，凛然一振，深刻地反省自己的过失，发奋向上，赶超先进。表扬则像温暖宜人的沐浴，使人血脉贲张，意气风发，勃兴向上的豪情。

批评和表扬一样，属于激励的一种方法，其目的是为了限制、制止或纠正某些不正确的行为。然而，批评却是一种相当难以运用的工作方法。犹如在别人身上动手术，出了偏差就会伤人，甚至会置人于死地。教师应努力学习研究批评这门艺术，并成功运用之。

相信下面这个案例对教师提高自己的批评艺术会有启发。

中考前的一次课堂上，我信心百倍地、声情并茂地讲着课，同学们认真地听讲，这使我心情特别愉快。我含笑地环视着这些可爱的孩子，心想，中考肯定会打一个大胜仗。忽然，我的眼睛定格在小姚身上：咦，此时的小姚正在一张纸条上匆忙地写着什么？我走近他。小姚这时候也看见了我，并且看到了我正在走近他，他一愣，立刻回过神来，赶忙将桌上的纸条揉成团往嘴里送，又觉得不妥，然后紧紧地捏在了手里。这个同学的一系列动作让我觉得十分惊奇，因为我相信当时我的表情仍然是微笑的。是什么让他有如此剧烈的反应呢？我想纸条上肯定写了什么不能让大家知道的东西。"把纸条给我。"我心平气和地说。小姚看了我一眼开始用力撕那纸团，可一下子撕不破，急得涨红了脸。"把纸条给我。"我心平气和地说。小姚又看了我一眼，僵持了一会儿。看实在拗不过我，终于犹犹豫豫地把纸团放在我手上。我铺开一看，只见上面龙飞凤舞地写着："桑桑，上次我送你的韩寒的书好看吗？如果你还想看的话，过几天我再送你一本。"旁边还画着一颗心，当然心上还插着一支丘比特的箭。我哑然失笑：这孩子怎么办？批评？责备？不过，男孩子跟女孩子之间本来就是相互吸引的，让他们自生自灭吧。正在思忖中，有个俗称"拉登"的调皮鬼小罗却在一旁喊着：邓老师，念念吧，让我们共享幸福时刻，有一些同学也开始附和着。我清楚地看见小姚狠狠地白了小罗一眼把头低下："好啊。"我说："小姚写了一首诗：梅花香自苦寒来。"小姚狐疑地看了我一眼。我继续说："小姚不惜花费上课的时间来告诫自己努力学习，这难道不是一种自相矛盾吗？"我声音里表现出的责备让所有学生沉默，但我还是看到了小姚感激的眼神。

之后，小姚更愿意跟我接近了，也常把心事讲给我听。我常想：当时，我要是如实地读出了他纸条上所写的内容，这个孩子说不定会恨我，他也必然会在很长一段时间成为其他同学取笑的对象，说不定他会逆反，说不定会因此而自卑、堕落……我庆幸我选择了另外一种方法并且获得了他的尊敬。

新课程下，在有的课堂上一度表扬之声泛滥，仿佛没有了批评。其实，我们的教学，表扬与批评缺一不可。作为教师，既要不吝啬表扬，也不要放弃批评，既要学会表扬，又要学会批评，尽力使学生常常处于阳光之中，让批评也可以是甜的，批评也可以激励人的。

在批评教育学生的过程中，教师要注意批评的艺术。

1. 批评要客观公正，有所针对

批评通常是在事情发生后出现的，教师一定要深入了解事实，调查情况，通过研究分析后对学生的思想行为作出实事求是的评价，给予公正合理的批评。客观公正是教师对学生作出评价的最基本要求。有时，教师心情不好，或者对某学生有偏见，就直接用非常刺耳的话语去批评学生，让学生觉得老师的可怕，甚至产生逆反心理。因此，教师对学生的评价要有客观公正的标准。而且要针对一件事详加了解，仔细思考之后，再去处理，不要盛怒之下错断纠纷，使学生受了冤枉。

2. 批评要委婉含蓄，有所顾忌

含蓄，自古以来被称为有君子风度的人的标准。成人之间需保持此风度，那么，教师与学生之间亦应如此。学生毕竟是学生，有错误在所难免。因此，教师在批评学生时，要理智地把握自己的情绪，不要三句不离骂字，甚至舞枪弄棒的，大打出手，给孩子造成紧张、恐惧的心理。久而久之，会使学生心理压力过大，甚至产生畸形心态。教师应设身处地为学生着想，理解他们，用平和的心态热情地和他们谈心，含蓄地指出他们的不足之处，委婉地提出自己的要求，希望孩子明白自己的心愿，从而建立默契关系。用自己的爱心去感化他们，才能启迪学生的心智，达到教育的目的。

3. 批评要适时适度，切忌唠叨

在多次问卷调查中，大部分学生认为宽松活跃型为最好，而很少选择关心唠叨型。这有力地说明学生讨厌教师无缘无故地唠叨，即使是关心的。那么教师如果选择了唠叨，就意味这要从心理上和学生对立。学生，无论从心理上还是从思想上都处于不断地成熟阶段，好多问题都不会想得很透彻。因此，明智的老师不随便去批评学生。他会选择适当的时候，用文明的语言恰当地进行发自肺腑的谈心，聪明的学生便会心领神会，起到事半功倍的效果。

4. 尊重学生，注重场合

有的教师常用挖苦的、刻薄的、极易损伤学生自尊心的话批评学生。

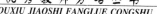

这样，被批评的学生就会产生仇视的思想和自卑的心理，在错误的道路上越滑越远。所以，批评学生时要尊重学生，不要讽刺挖苦，更不要恶语伤人。

　　学生犯了错误，有的教师不分场合，便在全班公开点名批评。结果，被批评的学生中，有的学生再也抬不起头来，有的干脆破罐子破摔。批评的场合恰当与否，关系到批评效果的好坏。教师应根据学生犯错误的性质、程度、和学生的性格、脾气选择适当的场合开展批评，给学生创造认识和改正错误的良好环境。

　　只有这样，才能使批评收到良好效果，使被批评的学生心服口服。

第五章　优秀教师之奖惩激励

第六节　用"暗示"批评学生

暗示教学法又称启发教学法，它是保加利亚暗示学专家格奥尔基·洛扎诺夫在 20 世纪 60 年代中期创造的，被称为是一种"开发人类智能加速学习进程"的教学方法。洛扎诺夫在他的"速成教学与人的潜力"一文中介绍，他们在实验学校 130 名左右的学生中进行了实验。结果是，学生在一年内学到了一般要两年才能学完的知识。经各方面专家验证，暗示教学能使学生学得快，记得牢，培养了创造性，又增进了身心健康。据介绍，前苏联、前东德、匈牙利、古巴、美国、加拿大、奥地利、英国、法国、日本等十几个国家进行了暗示教学法实验，都不同程度地证实该法优于常规教学。

暗示教学法的原理是整体性原理。它认为，参与学习过程的不仅有大脑，还有身体；不仅有大脑左半球，还有大脑右半球；不仅有有意识活动，还有无意识活动；不仅有理智活动，还有情感活动。它们是一个不可分割的统一体，而人们在通常情况下的学习，总是把自己分成几部分，身体、大脑两半球，有意识和无意识，情感和理智等。它们总是不能协调，甚至相互冲突，因而大大削弱了人的学习能力。暗示教学法就是把这几部分有机地整合起来，发挥整体的功能，而整体的功能大于部分的组合。

美国有一位著名的心理学家罗森塔尔，他曾经在纽约的一所学校做过一个有趣的试验。先在各班随意选出 10 多位学生的名单，然后私下鼓励他们一番，指出他们各自的优点，并宣布他们都是最有前途的学生。随后把这些学生的名单交给该校的教师。当然，这份名单并没有任何科学依据，是随意拟定的。但正是这份特殊的名单，使教师自觉不自觉地提高了对这部分学生的期望。在教师的关怀暗示和积极鼓励下，这些学生学习热情高涨，不断努力。结果在学期结束时奇迹出现了，期末统考中，这些随意抽出来受到鼓励的学生，包括原来学习成绩并不理想，处于中下游的同学，成绩全部达到优秀。这就是著名的"罗森塔尔效应"。

事实上，每个人在生活总会接受这样或那样的心理暗示，有些暗示是积极的，而有些暗示则是消极的。对于成长时期的中小学生而言，可塑性很大，心理相对比较脆弱、独立性还不强，因此特别容易接受暗示。虽然影响中小学生学习效果所涉及的因素很多，比如学习方法、家庭环境等，但就教师而言，如何发挥教师的主导作用，真正调动学生的学习热情是十分重要的。

教师在对学生进行批评教育时，同样可使用暗示的教育方法，使其达到最佳激励效果。委婉含蓄的暗示批评，较之直来直去的呵斥、批评，气氛显得平和，有利于保护学生的自尊心，维护师生之间的感情。

一般说来，暗示批评的类型主要有以下几种：

1. 表情暗示

批评学生时不是用言语，而是用表情把要说的话"表达"出来，让学生从老师的表情中悟出老师的批评和要求。

有一次，在早自习之前，王老师走进教室，发现地面很脏，而坐在教室里看书的几个学生多数是班、团干部。就在王老师走进教室，他们抬眼看老师的一瞬间，王老师看了看地下，皱起眉头，又扫视了他们一下，然后转身走出了教室。王老师刚离开教室，那几个同学就纷纷拿起工具扫起地来。他们的行动表明，他们领悟了老师表情中的批评，并且引起了他们的自责和积极行动。

2. 行为暗示

有时学生做错了事，可以用某种行为暗示给学生：老师在批评你。

有一次，李老师在自习课上巡视，一个学生把算题的草稿纸随手扔在了地上（李老师平时要求教室地面是不能见废纸的）。走过去，没有责备他，猫腰把纸团捡了起来。他不好意思地看了看老师，从手中接过纸团，放进了垃圾箱里。这个学生愉快地接受了用行为暗示给他的批评。

3. 语言暗示

有时用"说"的方法批评学生，但不直接表明老师的意见，而是把意见隐晦地暗示给学生。

例如，学生在毕业复习阶段时间紧张，对学校布置的灭鼠活动重视不够，热情不高。有一次，老师在班上说："我刚刚获得一个信息，学校已经统计并公布了各班交鼠尾的人数字，有的班快完成了（每人交两条鼠尾），还有的已经超额了，我们班，到目前为止，共交鼠尾一条！"同学们"哄"地笑了，很多同学在笑的时候不好意思地低下了头。

从第二天起，这个班交鼠尾的人数逐渐增加，很快完成了任务。这说明，老师的暗示唤起了他们在批评面前的负疚感和争取荣誉的责任感。

语言暗示的内容很广泛，教师应具体问题具体分析，灵活使用，以达到良好的批评效果。

（1）迂回暗示。汉语的表达非常灵活，同一个意思可以用多种表达方式，可以直截了当，也可以迂回曲折，一种说法是："罚你打扫教室卫生"；另一种说法是："奖励你一次劳动光荣的机会"；一种说法是："你怎么上课时间睡觉，站起来！"另一种说法是："为了提高你的学习效率，让老师陪你站一会好吗？"一种说法是"看你这作业乱七八糟的，再写十遍"，另一种说法是"改掉一个坏的习惯真不容易，再写几遍吧，你能行！"不同的表达方式会产生不同的效果，作为老师，应讲究点语言艺术。

（2）以故事暗示。通过说故事的形式来表明一个道理，既生动形象，又富有感染力，可以较好地达到批评教育的目的。

一次教师为加强班级管理，决定指派一名学生担任班上纪检委员。这位学生认为当这个班干部最容易得罪人，不愿意干，说自己过去当班干部因办事太认真，坚持原则，得罪了不少同学，正在吸取这个"教训"，克服这个"缺点"。听了他的话，教师没有强迫他，也没有直接批评他，而是委婉地讲了一个故事进行暗示：

某电影制片厂导演，为拍好一部片子，四处寻找戏中合适的演员。一天，发现了一个合适人选，便通知他准备一下试镜。这个被导演相中的人非常高兴，理了发，换上新衣服，对着镜子左照右照，总感到自己两颗长长的"犬牙"不好看，于是到医院将它们拔掉了。他兴致勃勃地去报到，

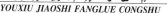

导演见了，失望地说："对不起，你身上最珍贵的东西，被你当缺陷毁了，影片已经不需要你了。"

故事讲完，这位同学懂得了"办事认真，坚持原则"正是他自己最珍贵的长处。之后，这位同学愉快地接受了任务。

（3）以笑话暗示。笑话，言辞诙谐，语调幽默。一则恰当的笑话暗示，能引来被批评者愉快的笑声，能使双方在交谈中心与心交融、情与情沟通，不尴尬，易接受。

比如，学生迟到了，满以为老师要批评他，而你在门口"恭候"他时却说："对不起，老师今天又比你来早了。"一句意外的玩笑话，也许会让学生感到更加不好意思；学生在黑板上写了一行字，歪了，一边高，一边低，满以为老师会说让他注意，以后把字写正点，而你却大加赞赏他的书法富有诗意，"一行白鹭上青天……"这一幽默式的批评更能给他们留下深刻印象。

（4）以逸闻暗示。名人，是历史和社会造就的一代杰出英才，他们知识渊博，才华横溢，以名人的逸闻逸事进行暗示，能使被批评者在听取批评意见时，有一种类比的心理自豪感，不觉得委屈，乐于接受，并且印象深刻。有一个同学文章写得很好，遗憾的是字写得不好。为了鼓励这个同学克服这一不足，把字练好，语文老师在一次批改作文时，用一个名人逸闻对他进行了暗示。语文老师说："著名诗人柳亚子先生很善吟诗作文，堪称文坛大师，他的书法也是龙飞凤舞，流畅奔放，但却很潦草，往往不被人所认识。柳亚子先生的挚友辛壶在批评柳亚子先生字迹潦草时，说他是'意到笔不到'。"这个同学马上意识到老师是指自己的字写得不好，表示一定要加强练习，把字写好。

（5）以寓言暗示。寓言哲理深刻，以小见大，说服力强，且为人们喜闻乐见。它能将要表达的意思用故事的形式讲出来，达到批评的目的。如有一个中学生在寒假期间迷上了打麻将，又明知这种做法不对，但就是改不了，班主任择时对他讲了《孟子》里的一个寓言："有个人，每天偷邻居一只鸡，别人告诉他：'这不是君子应该做的事。'他回答：'那么就减少些吧！一个月偷一只，等到明年再洗手不干。'"这位学生终于认识到，打牌用钱助兴不是一个学生应干的事，要下决心马上改正，不能犹豫。

此外，班主任还可用有针对性地赠送"格言"、"谚语"的方式暗示；针对被帮助对象的弱点，用表扬他人这方面的成绩和长处来进行暗示等等。

暗示批评，由于不伤害学生的自尊心，不丢他们的面子，因此，不会使学生产生抵触情绪，一般都乐于接受，这样，就激发了他们愿意改变的心理。

第七节　有扬有抑地批评学生

　　有经验的教师一般采取"赞赏—批评—激励"的方式来批评教育学生。人才学家卡耐基说："听到别人对我们的某些长处表示赞赏后，再听到批评，心里往往好受得多。"所以，首先肯定其优点，然后指出其不足，再进行激励，这样，不但学生容易接受，而且会增添前进的信心和勇气。

　　有一次，一个学生在扫完地以后，垃圾没有倒而是放在墙角边，于是，老师这样批评他：第一步——赞扬："今天的地面扫得很干净"，第二步——提醒（实为批评）："只是还有一个地方需要再完善一下"，第三步——激励："这是个小问题，我相信，以后不会再有了"。听完老师的话，这个学生立即把垃圾扫起来倒掉了。

　　实施扬抑结合式批评时要注意符合实际情况，做到客观公正。切忌言过其实，特别是表扬时不要夸大其词；切忌本末倒置，要抓住事物的本质，即抓住事物主要矛盾的主要方面。班主任充分肯定学生的优点，只是起到心理平衡的辅助作用，居于矛盾的次要方面，而主要方面在于怎样更好地对学生进行批评、教育、帮助。下面来看一个案例：

　　有一次上课，老师发现一名学生始终低着头不听课，就利用学生做练习之机走过去一看：原来他在画画，画面上一条腾空飞舞的龙，很逼真。他看到老师之后，急忙收起。老师当时没有说什么，继续讲课。课下，老师找到了这位同学，他心里有点紧张，以为老师会对他一顿训斥。而老师却真诚地说："你画得不错，真的，你很喜欢画画吗？"他很吃惊，略微迟疑后点点头。老师接着说："那你现在更应该好好学习，将来上大学美术系或学广告设计，到那时，就可以发挥你的特长了。而你现在不认真听课，学不好文化课，将来考不上大学，你的特长就不能得到发展。"他不好意思地低下了头，表示以后要努力学习。为了鼓励他，老师还让他负责出板报。他干得很认真，很高兴，学习兴趣和学习劲头也有明显提高。

这位老师使用的是扬抑结合式批评，收到了很好的效果。

扬抑结合又可分为两种：

1. 欲抑先扬

老师先了解学生的优点，再指出他存在的缺点和错误，这样，能辩证地对待学生，在纠正他的缺点和错误的同时，发扬他的优点。从心理学的角度看，这也更有利于学生接受批评。

有这样一个小故事：

曾经有一个卖烟的小贩在集市兜售他的香烟，并不断地鼓吹吸烟对人的身体是有好处的。这时候来了一个长者，他笑眯眯地对着烟摊旁边的人说："你们不知道吧！除了这些，吸烟还有更大的三个好处呢！"小贩非常开心，对长者说："看您一定是一个有智慧的人，那就请您来给我们讲讲吸烟还有哪些好处吧！"

长者说："吸烟还有三大好处：不会被狗咬；连小偷也不会偷他的东西；永远不会老去！"

大家都不相信，让长者解释一下他说的话。长者说："抽烟的人身体不好，也比较容易驼背，狗看到抽烟的人还以为他们要捡砖头砸它哩！抽烟的人咳嗽得厉害，小偷半夜进到他们家里，以为家里有人，哪里还敢动手！抽烟的人容易得肺癌，身体也不好，连长寿的机会都没有，当然不会老啦！"长者说完，那卖烟的小贩一挑担子就灰溜溜地跑了。

2. 以扬代抑

教师不正面对学生提出批评，而通过赞扬他的优点或进步来激励他发扬优点，继续进步，尽快克服缺点，改正错误。这种方法有利于保护学生的自尊心，激发他的上进心。

大家都知道陶行知先生"四块糖果"的故事。当他发现学生王友用泥块砸同学时，他只是先制止了他，并没有立即批评他，而且后来还奖励了他四块糖果。陶先生把第一块糖果奖给王友时说："你按时来到这里，而我却迟到了。"奖第二块糖果时说："当我不让你再打人时，你立即就住手

优秀教师的激励方法

了，这说明你很尊重我。"奖第三块糖果时说："我调查过了，你砸他们，是因为他们欺负女学生，这说明你很正直。"奖第四块糖果时说："为你正确地认识错误，我再奖励你一块糖果。"试想，如果陶先生当时大声训斥："你为什么用泥块砸人？难道你不知道这是违反校规的吗?"也许就没有后面王友愧疚地哭了。

这则教例，陶行知先生的话没有一句是正面批评的，他把批评寄寓于表扬的话语之中。事实证明，他的教育是很有成效的。

教育家陈鹤琴认为：无论什么人，受激励而改过，是很容易的，受责骂而改过，相对来说是不大容易的。而小孩子尤其喜欢听好话，而不喜欢听恶言。以扬代抑的好处正在于此。

第五章　优秀教师之奖惩激励

经典案例

　　大连开发区第六中学优秀教师张淑环的班里有一个叫小莹的女生，她非常文静可爱，刚入学的时候，脸上经常洋溢着甜甜的笑容，见到老师总是轻轻地喊一声"老师好"。

　　但没过多久，笑容就从小莹的脸上消失了，她每天默默地坐在位子上，少言寡语，一副落落寡欢的样子，对班级事务漠不关心。起初，张老师并没有在意，认为这可能是她的性格所致。直到有一天，当张老师惊异地发现小莹突然消瘦了很多，内心一下子充满了内疚感。张老师意识到，在小莹的身上一定发生了什么不愉快的事。

　　通过私下了解，张老师才知道，小莹在班级自动组建的小队中受到了排斥，其他队友觉得她土气，出去玩的时候不买东西，显得很小气，所以渐渐疏远她，不愿意让她继续待在她们小队中。小莹成绩不错，平时学习很刻苦，非常受老师的器重，有的队员说她拍老师马屁。生性腼腆、心思细腻的小莹，在陌生的环境中缺乏主动表现自己的勇气和信心，因此，即便受了委屈也不敢跟老师说，每天生活在失落和惆怅中，最后导致厌食症，体重明显下降。

　　张老师得知后，心情变得很沉重，怪自己太粗心，对小莹关心太少，以致连小莹发生这么大变化都没有发现。张老师决定重新激发她心中的热情，通过自己这个中间人，改善她和同学们的关系。其实要化解她与队员间的不愉快非常简单：一个袒露自己心扉的机会和来自老师的支持就可以了。

　　于是，张老师为小莹和她的队友安排了一次面对面的聊天机会。开始，内向的小莹不知道该说什么好，张老师就拍拍她的肩膀以示鼓励和信任，小莹的脸上露出了久违的笑容。她慢慢地试着参与到同学的对话当中，不时地还发表一独特的观点，大家对她的想法深表赞同，张老师也笑着摸了摸她的头，表示赞赏。这给了小莹说话的勇气，让她感受到了老师的关注，她渐渐融入到同学的谈话中。这次交流之后，队员们也感受到了小莹的朴素和真诚，双方的误会逐渐消除。

　　为了锻炼小莹的勇气和胆量，消除她的害羞心理，张老师为小莹争取了一个代表班级参加演讲比赛的名额。在参赛前的日子里，张老师总寻找时机与小莹目光相对，微笑着对她点点头或眨眨眼；在上台演讲前，张老师伸出两根手指冲她做了一个坚定的"V"形动作；演讲结束后，张老师由衷地竖起大拇指向她表示祝贺。

　　张老师相信，这些无声的语言都会给小莹带来莫大的勇气和鼓励。果然，小莹不负众望，她为班级捧回了"第一名"的奖状。

　　从此，这个曾经很失意的女生变为班级建设的活跃分子，虽然她依旧那样文静，却多了一份事事行动在前的热情和自信。有一天，她悄悄塞给张老师一张纸条："老师，是你无声的鼓励唤醒了我的自信，激发起我对班级的热爱，愿您继续关注班上每一个沉寂的心灵，使我们的班级变成'爱'的海洋。"

　　看完纸条，张老师欣慰地笑了。

第五章　优秀教师之奖惩激励

第六章
优秀教师之寓言启示

　　寓言是寄托着深刻含义的短小故事。它通过一个生动有趣的小故事告诉人们一个深刻的道理或某种教训，带有明显的劝喻和讽刺意味。作为一种特殊的文学样式，寓言有其鲜明的艺术特征。寓言正是由喻体和本体两方面组成：所叙写的故事，是寓言的喻体；所阐明的教训或哲理，是寓言的本体，即寓意。寓意是一则寓言的精髓所在，体现着作者对生活的真知灼见和审美评价。它往往闪烁着智慧的光芒，具有极大的思想启示力量。而借助寓言，也可使教育更加方便、有力。

第一节　梅林就在山丘前

　　有一年夏天，曹操率领部队去讨伐张绣，骄阳似火，天气热得出奇，一丝云彩没有，部队在弯弯曲曲的山道上行走，两边密密的树木和被阳光晒得滚烫的山石，让人透不过气来。到了中午时分，士兵的衣服都湿透了，行军的速度也慢下来，有几个体弱的士兵竟晕倒在路边。

　　曹操看行军的速度越来越慢，担心贻误战机，心里很是着急。可是，眼下几万人马连水都喝不上，又怎么能加快速度呢？他立刻叫来向导，悄悄问他："这附近可有水源？"向导摇摇头说："泉水在山谷的那一边，要绕道过去还有很远的路程。"曹操想了一下说，"不行，时间来不及。"他看了看前边的树林，沉思了一会儿，对向导说："你什么也别说，我来想办法。"他知道此刻即使下命令要求部队加快速度也无济于事。脑筋一转，办法来了。

　　他两腿一夹马肚子，快速赶到队伍前面，用马鞭指着前方说："士兵们，我知道前面有一大片梅林，那里的梅子又大又好吃，我们快点赶路，绕过这个山丘就到梅林了！"士兵们一听，仿佛将梅子已经吃到嘴里，精神大振，步伐不由得加快了许多。

寓言小启示

　　对于教师来讲，如果想激励学生学习学习，首先要给学生一个动起来的理由，而最好的理由就是有目标。同时，教师为学生设定的目标应该贴合学生的实际情况，这样才能最大地激发起学生的积极性，最大程度地激发起学生的潜能。

第二节　奇迹发生因渴望

优秀教师的激励方法

　　从前，一户富裕人家生下一女，然而不久，孩子患了一种无法解释的瘫痪症，丧失了走路的能力。

　　一次，女孩和家人一起乘船旅行。船上的人跟孩子说船长的太太有一只天堂鸟，她被人们对这只鸟的描述迷住了，极想亲自看一看。于是保姆把孩子留在甲板上，自己去找船长的太太。孩子耐不住性子等待，她要求船上的服务生马上带她去看天堂鸟，那服务生并不知道她的腿不能走路，而只顾带着她去看那只美丽的鸟儿。奇迹发生了，女孩因为过度的渴望，竟忘我地拉住服务生的手，慢慢地走了起来。

　　从此，孩子的病便痊愈了。女孩子长大后，又忘我地投入到文学创作中，最后成为第一位荣获诺贝尔文学奖的女性。

读书小启示

　　忘我有时是走向成功、突破自我的一条捷径，只有在这种心境下，人才会超越自身的束缚，释放出最大的潜能。目标是激励的最有效方式，教师可以通过设定有挑战性的目标，激励学生的进取心，使学生在追求目标的过程中充分释放自身的能量。

第三节　你需弹断千根弦

从前，有一老一小两个相依为命的盲人，每日里靠弹琴卖艺维持生活。一天，老盲人终于支撑不住，病倒了，他自知不久将要离开人世，便把小盲人叫到床头，紧紧地拉着他的手，吃力地说："孩子，我这里有个秘方，这个秘方可以让你重见光明。我把它藏在琴里面了，但你千万记住，你必须在弹断第一千根弦的时候才能把它打开。否则你是不会见到光明的。"小盲人流着眼泪答应了师傅。老盲人含笑离去。

一天又一天，一年又一年，小盲人用心记着师傅的遗嘱，不停地弹啊弹，将一根根琴弦收藏着，铭记于心。当他弹断第一千根弦的时候，当年那个弱不禁风的少年盲人已经到了垂暮之年，变成一个饱经沧桑的老者。他按捺不住心里的喜悦，双手颤抖着，慢慢打开琴盒取出秘方。

然而，别人告诉他，那是一张白纸，上面什么都没有。泪水滴落在纸上，他笑了。

老盲人骗了小盲人？

这位过去的小盲人，如今的老盲人，拿着一张什么都没有的白纸，为什么反倒笑了？

就在拿出秘方的那一瞬间，他突然明白了师傅的用心，虽然是一张白纸，但是却是一个没有写字的秘方，一个难以窃取的秘方。只有他，从小到老弹断一千根琴弦后，才能领悟这无字秘方的真谛。

寓言小启示

目标就像黑暗中的一盏灯，使人在漆黑中看到了希望，目标就像夜空中的北斗星，使人在无助中找到了前进的方向。教师要帮助学生设立具有挑战性的目标，能够使学生在逆境中奋起，激发学生的斗志。

第四节　射箭救人看张良

张良是秦朝末年的智谋之士，他辅佐刘邦打败了项羽，被誉为汉初三杰之一。有一次，张良骑马去打猎，当路过一片树林的时候，突然听到了呼救声。张良连忙挥鞭策马，飞快地往呼救的方向赶去。当他赶到一个湖泊时，看到一个男孩在湖水里拼命挣扎着高呼救命。

张良看着这个男孩在水里挣扎了几下，又沉了下去，就对他喊道："你还在湖里折腾什么，赶快游上来！"

"我不行了，我不会游水呀！"小男孩一面挣扎，一面呛着水。

"胡说！"张良挥了挥手中的弓箭，对男孩大声喊道："你如果不自己爬上来，我就射死你！"

"你就是射死我也没有办法，我真的没有力气了！"小男孩还在水里挣扎着。

这时，张良真的搭弓上箭，瞄准湖水面，"嗖！嗖！"箭射在男孩的身旁，激起了层层浪花。那男孩顿时吓得面色苍白，只见他猛地转过身，扑通、扑通地划着水，居然很快就游上了岸。

育青小启示

激发学生潜能既需要"大棒"，也需要"胡萝卜"。对自控力和自觉性较差的学生，有时候"大棒"比"胡萝卜"更加有效。当学生骄傲自满，停滞不前的时候，应该适当地予以批评，激发其内在的潜能。

第五节　魏王信任灭中山

战国时，魏文侯想发兵去攻打中山国，但有人反对，理由是魏国名士乐羊的儿子乐舒正在中山国做官。

魏文侯派人去调查，得知乐羊很有才能，而且在他的儿子请他到中山国去做官时，他说中山国国君荒淫无道，和他在一起是自取灭亡。乐羊不但没去，还让儿子也离开中山国。了解到这些情况后，魏文侯决定以乐羊为大将征伐中山国。

魏文侯召见乐羊说："我派你去伐中山国，可是你的儿子在中山国，这怎么办呢？"

乐羊说："大丈夫为国立功，决不能为父子情而不顾公事。我要是不能收复中山国，情愿受罚。"

魏文侯说："我相信你，你就带兵出发吧！"

公元前408年，魏文侯拜乐羊为大将，西门豹为副将，率领5万大军，进攻中山国。他们很快就打败了中山国颉须带领的军队，直追到中山城下。中山国君见形势危急，就派乐羊的儿子乐舒乞和，两国和谈了几个月。

对此，魏国朝臣上下议论纷纷，都说乐羊为了儿子消极怠军，而魏文侯却不以为然，反而派人去慰劳乐羊，并为乐羊建造了新府第。

乐羊很感激，但仍按兵不动。西门豹心急火燎，质问乐羊："将军还打不打中山国？"乐羊说："怎么不打呢？他们城内有粮，议和是假，我们按兵不动，是让中山国的百姓知道谁是谁非，为的是收取中山国的民心。"

又过月余，乐羊判断时机已到，开始进攻中山城。中山国国君扬言要杀乐舒，以胁迫乐羊退兵。乐羊不予理睬，继续攻城，中山国国君果真杀了乐舒，还用乐舒的肉做成羹，送给乐羊。乐羊悲愤交加，破城的决心更大了。他指挥军队，日夜轮番攻城。不久城破，中山国国君自杀身死，乐羊大胜。

乐羊班师回朝，魏文侯请他赴宴，还奖赏他一只箱子。乐羊以为是黄金、美玉，回府打开一看，箱子里装的根本不是宝贝，全是诉说乐羊攻打中山不力的状纸。乐羊一边看一边掉眼泪，说："要是大王不能坚信于我，我怎么能成功呢？"

次日，乐羊上朝谢恩。魏文侯晋封他官爵，乐羊却推辞说："中山能够打下来，全是主公的功劳，我有什么功劳呀！"魏文侯说："除了我，没有人能够这么相信你；除了你，也没有人能够征服中山国。你辛苦了，我封你为灵寿君。"

箴言小启示

信任是老师给予学生的一步云梯，能够激发学生不断攀登新的高度。教师不仅要充分信任学生的才能，还要激发起学生的进取心和创造力。

第六节　将军率先滚下去

俄罗斯历史上著名的将领米罗拉多维奇有一次率军远征瑞士，被一座山峰挡住了去路。他率军爬上山顶时，队伍已是人困马乏，往下望去，瑞士士兵已经在脚下的村子里严阵以待。

这时候，俄军陷入了进退两难的境地，士兵们惶恐不安地望着主帅，不如何是好。这时，在米罗拉多维奇的脑海里突然浮现出来一幕战斗的场景，那是若干年前，他随彼得大帝远征瑞典时，一次俄军在瑞典军队的猛烈攻击下，开始动摇了。

这时，彼得大帝跳上战马，大喊一声，面对蜂拥而上的瑞典军队杀去。正在准备溃逃的俄军像是突然服了一支清醒剂，奋不顾身地也跟随皇帝奋勇拼杀。瑞典军队终于抵挡不住俄军锐利的攻势，败下阵去。

想到这儿，米罗拉多维奇大叫一声："看吧！看敌人怎样俘虏你们的将军吧！"话音刚落，他一个翻身，从山坡上顺势滚了下去。俄军见此情景，他们的胆怯，惊恐，动摇一扫而光，纷纷学着统帅的样子滚下山坡。

山谷里顿时杀声四起，瑞士军队做梦也没想到俄军会不顾死活地滚下山来，现在轮到他们动摇、惊恐和胆怯了。俄军如饿虎般扑向敌人，很快就取得了胜利。

寓言小启示

榜样的力量是无穷的。与其吼破嗓子，不如做出样子。教师身先士卒，积极为学生做出榜样，能极大地提高学生的奋斗热情与进取精神。

第七节　曹操痛哭为哪般

大将典韦来投曹操时，曹操任典韦为帐前都尉，并脱下身上棉袄与骏马雕鞍赐于典韦。典韦后来成为曹操手下的著名勇将。

曹操引兵讨伐张绣的时候，中了张绣的计谋，结果身陷重围。典韦梦中惊醒后，拼命保护曹操撤退，血流满地而死，曹操最后虽然脱险，但自己的长子和侄子死于乱军之中。当曹操整顿军队击退张绣之后，立即祭奠典韦，并且痛哭不已，对诸将说："我的长子、爱侄战死，我并没有流泪，唯独失去典韦让我大哭啊！"第二年，曹操再次引军到宛城攻打张绣，曹操行军途中忽然大哭，弄得众人摸不着头脑。曹操哭够了，向众人解释道："去年在这里我折了大将典韦，触景生情，不由得大哭！"

曹操两次哭典韦，引得全军震动，从士卒到将领，均为曹操的真情所动。但典韦并不是唯一让曹操流泪的人，对待谋士郭嘉，曹操的三次大哭更是深深打动了手下的百官。

第一次哭是在曹操采纳郭嘉建议率军远征辽西的时候。一路上风沙大作，人马行进困难，郭嘉染上了重病。曹操十分心疼，前来探望，流泪不止，郭嘉深受感动。第二次是在郭嘉英年早逝的时候。曹操大哭，并对文武百官表示本来打算托孤郭嘉的，岂料他英年早逝，众人听了无不为曹操的惜才而感动，都愿意为曹操尽忠效力。第三次是曹操按照郭嘉的遗计斩杀二袁，获得大胜的时候。曹操叹服郭嘉料事如神，又想起他为自己出谋划策十几年，屡建奇功，却不幸早逝，不禁触情思人，于是又领众人到郭嘉灵前哭祭。

读书小启示

教师需要对学生投入感情，这样才能让学生产生归属感，才能更好地适应班级环境，取得进步。任何一个学生在得到老师的尊重和器重的时候，都会激发起巨大的积极性，得到更好的发展。

第八节　太宗励人让人叹

唐朝时，有一位很有能力的大臣，唐太宗非常宠爱他。

贞观十七年，太子李治住进东宫，这位大臣被任命为太子詹事。

一次，唐太宗设宴款待大臣，席间他看着这个大臣说："我打算把太子托付于人，考虑再三也没有找到比你更合适的，你以前不背弃李密，今天也不会辜负我。"

大臣感激得流下了眼泪，他一边擦，一边应允，把手指咬出血来，表示自己的忠心，一会儿，大臣喝得大醉，昏昏沉沉，太宗就脱去自己的衣服替他盖上。

而这位大臣也确实是能力非凡，每次用兵打仗，策划谋算，都十分的神奇，先后大败了突厥。

而太宗对他的宠爱确实是超过了对其他大臣，一日，这位大臣得了重病，有一个土方说是胡须烧成灰才可以治病，太宗便亲自剪下自己的胡须，烧成灰为他治病。

大臣感动得磕头直至出血，哭着谢恩，太宗说："这是为了国家啊，用不着如此重谢。"

高者小启示

信任不仅能拉近人心灵的距离，而且可以让人获得巨大的责任感，从而激发起主动性和积极性。对学生来讲，也是这样，充分的信任，可以激发学生的主动性和积极性，让他们学得更好，发展得更优秀。

第六章　优秀教师之寓言启示

第九节　自信让他成军官

　　有一天，一个士兵去给拿破仑送信，由于马跑的速度太快，时间太久，刚到达目的地就死去了。拿破仑看过信后，立刻写了回信，交给那个士兵，催促他骑上自己的战马，赶紧把回信送去。

　　士兵诚惶诚恐地对拿破仑说："不，将军，我实在不配骑您这匹漂亮强壮的马。"

　　拿破仑斩钉截铁地回答到："世界上没有一样东西是法兰西士兵所不配享用的。"拿破仑的话让士兵深受感动，并且彻底抛弃了自卑的想法，像一个伟大人物一样跃马奔驰，又一次出色地完成了任务。

　　后来，这个士兵成为了一名优秀的军官。

寓言小启示

　　寓言小启示：怀疑自己是学生进步路上的绊脚石，贬低自己是学生成功路上的拦路虎。教师要通过赞美找到治疗学生自卑的良药，通过鼓励激发学生的自尊和信心。

第十节　是谁把我推下塘

　　从前，有一位富商为了替女儿择婿，特别举办了一次丰盛的晚宴，并邀请了几十位英俊的青年来参加。

　　晚宴结束时，好戏才真正上演。主人带领所有的年轻人来到一个很大的池塘边，池塘里养了几条凶狠的鳄鱼。主人大声地对全体宾客说："我征求一位勇士，只要他游过池塘抵达彼岸，就可任选下列 3 个奖之一：1000 英亩的土地；100 万美元的现金；娶我的女儿为妻。"

　　话刚说完，就听到"扑通"一声，只见一人掉落池塘，并飞速地游往池塘对岸。在众人的呐喊加油声中，这个年轻人成功避开了鳄鱼的追击，安全地抵达对岸。他的速度几乎打破了世界纪录。

　　主人很热情地跑过来跟年轻人握手，并信守承诺地问年轻人说："恭喜你，现在你要选择哪一个奖呢？ 1000 英亩的土地吗？"

　　年轻人摇摇头。

　　"你要 100 万美元的现钞了？"

　　年轻人仍然摇头。

　　主人欣喜地说："那你一定是要娶我的女儿为妻了？"

　　年轻人还是摇头。

　　主人有点生气地问道："那你究竟要什么呢？"

　　年轻人说："我什么都不要，我只想知道是哪个可恶的家伙把我推下池塘的！"

　　潜能的激励是非常重要的。而这个过程通常是比较复杂的，单一的激励方式可能不会产生理想效果，因此，教师应该学会利用各种方式去有效激励学生的潜能。

优秀教师的激励方法